Lo que se comenta acerca de
No te conformes con la Copia

En un mundo donde el matrimonio, el ministerio número uno establecido por Dios, está en alto riesgo, Joann y Samuel González presentan un refrescante guión para esta generación. *No te conformes con la Copia* es un libro que hará una pausa en tu relación matrimonial y, a la misma vez, identifica y presenta el plan original de Dios en lo que debe ser un matrimonio. Linaje Escogido trae diferentes herramientas para tener una relación exitosa. Jóvenes solteros reevaluarán su futuro antes de un noviazgo. Joann y Samuel no solo son nuestros amigos, son dos corazones humildes, llenos de amor, un ejemplo a seguir.

—JOIVAN Y LUCIANNE JIMÉNEZ
Adorador, Pastores Meadowbrook Church

Hace 18 años comenzamos la mejor aventura al unir nuestros corazones en un solo propósito. Tomamos la mano correcta y apoyamos nuestras cabezas en los hombros correctos. Conocer a otros matrimonios que son ejemplo para las próximas generaciones es un alivio, porque vivimos en un mundo donde las heridas, las rupturas amorosas y los divorcios son cada vez más frecuentes. Sin embargo, Dios nos recuerda que lo que Él ha unido, nada ni nadie lo puede separar, y esto inicia cuando guardamos nuestro corazón y escogemos a la persona indicada con amor, sabiduría, responsabilidad y obediencia.

Gracias, Joann y Samuel, por este valioso regalo, con anécdotas, consejos y Palabra de Dios, que influirá en que todo lector soltero tome decisiones que le ayuden a caminar junto "al/la Original" hasta llegar al destino que Dios marcó para ellos. Hoy estamos de pie, con la mirada al cielo y el corazón compartido, sostenidos por un común denominador, Dios, que nos hace seres, nos da fortaleza e infunde en nuestras entrañas los sentimientos que jamás podremos entender, ni abandonar.

—Luis y Samaria Morales
Miel San Marcos

Encontrar la pareja ideal para formar una familia y disfrutar la vida juntos es cada día más difícil en nuestra sociedad. En el libro *No te conformes con la Copia*, nuestros amigos Joann y Samuel González abordan este tema tan importante con consejos prácticos y apegados a la Escritura divina. Sin duda alguna será un abreojos y lámpara de guía para muchos que están en la espera de su pareja.

—Ericson y Nancy Molano
Adorador, Pastores MSI Orange County

El matrimonio es uno de los regalos más preciosos que Dios puede darnos. La confianza que Él deposita en nosotros para amar y cuidar de alguien más puede ser un reto, pero más allá de eso, es una bendición inmerecida. Por este y más motivos, *No te conformes con la Copia* es un libro necesario para todos aquellos que no solamente desean tener una boda de ensueño, sino también anhelan formar una familia integrada, sólida y fundamentada en Jesús con el propósito de darle la gloria a Él. Dejar de pensar solamente en sí mismo y encontrar que la clave está en agradar y honrar a nuestro Padre Celestial y a la persona con quien compartiremos nuestra vida, trata de mucho compromiso y comienza de la misma forma: agradando a Dios en nuestra espera, búsqueda y elección.

Este libro es un tesoro valioso inspirado por Dios y escrito con amor por Joann y Samuel. Su contenido te recordará que guardar tu corazón y escoger a la persona correcta ¡vale la pena!

—SUSY Y GABRIEL OLVERA

¡Esta es una obra literaria por derecho propio! La relevancia de las enseñanzas presentadas en *No te conformes con la Copia* potenciarán cambios de perspectiva, actitud y decisiones que transformarán tu vida y bendecirán tu descendencia. Invito a todos a darse la oportunidad de conocer en este libro los indicadores de una unión errónea y las cualidades de una idónea. ¡Te lo agradecerás!

—EMMANUEL TORRES
Director Creativo / Productor / Consultor

Este libro, basado en realidades vividas por sus autores, las cuales son sustentadas por las Sagradas Escrituras, demuestra que con la dirección de Dios se puede encontrar la verdadera felicidad; una que sea duradera y no un espejismo que se esfume con el tiempo. Recomendamos a toda aquella persona que esté soltera, a padres y todo aquel que tenga familiares viviendo esta etapa a que lean este libro. Le servirá como guía para poder orientar a sus seres amados a ser ubicados en el camino correcto en la búsqueda de una pareja ideal.

El futuro de esa persona y de su familia será el mejor testigo de que la Palabra de Dios, plasmada en este libro, no torna atrás vacía; sino que se cumplirá en todo aquel que desee vivir una vida totalmente dirigida por el Todopoderoso, El Eterno que dirigió a su pueblo, Israel, para llegar a la tierra prometida. Esta guía servirá para encontrar el complemento perfecto y poder alcanzar el propósito de Dios de una manera plena y no a medias.

—José Ángel González de Jesús y Annette Rivera Pérez
Pastores, Congregación de Yahweh, Inc., PR

Como padres de cuatro hijos y pastores, les sugerimos que lean *No te conformes con la Copia*, que seguramente les tocará su corazón. Un consejo de padres es sumamente importante para las decisiones de los hijos. Su futuro depende de escuchar los buenos consejos y no olvidar lo que dice la Biblia en Salmos 37:5 y Eclesiastés 12:1. El Todopoderoso quiere lo mejor para sus hijos. Él no da Copias, da lo Original. Lean este libro para que entiendan lo que es una Copia y lo que es un Original. Esperamos que sea de gran bendición para todos.

—Samuel y Marisol González
Pastores, Congregation of Yahweh, USA

NO TE CONFORMES CON
LA COPIA
GUÍA PRÁCTICA PARA
IDENTIFICAR TU PAREJA IDÓNEA
SAMUEL Y JOANN GONZÁLEZ

DEDICATORIA

Este proyecto es parte del cumplimiento de las promesas de nuestro Padre Celestial, a quien dedicamos nuestro primer libro. Le damos las gracias a nuestro Dios por habernos guiado durante todo el proceso de creación y habernos dado a través de un sueño el nombre que le pondríamos. Gracias también por ayudarnos a tomar las decisiones correctas, por dirigirnos a no conformarnos con las Copias y finalmente, por unirnos con un mismo propósito para ejercer nuestro llamado juntos.

Ahora podemos entender que la razón de cada situación que pasamos fue para que nos valoráramos aún más al unirnos. Dedicamos también este libro a cada persona soltera, a quienes este libro les servirá para identificar las Copias que se presenten en su vida. Esperamos que decidas confiar en que lo que Dios da, lo da bueno y que todo lo que eliminemos de nuestra vida en obediencia a Dios, nos será devuelto con creces.

Si entiendes que estás compartiendo con una Copia y todavía te estás preguntando: "¿Realmente podría existir alguien mejor que esta?", la respuesta es que sí. Decídete ya, y haz la voluntad de Dios. Te aseguramos que no te vas a arrepentir.

AGRADECIMIENTOS

Queremos agradecer a todos los que Dios puso a soñar junto a nosotros y a hacer cada idea una realidad. Una de estas personas que han sido de gran ayuda es Emmanuel Torres, por ser la pieza clave para el desarrollo tanto de este libro, como de nuestro ministerio en general. Gracias por creer en nosotros y por ayudarnos a ser buenos mayordomos de lo que Dios ha puesto en nuestras manos.

Expresamos un agradecimiento especial a los pastores Otoniel y Omayra Font por el respaldo que representa haber accedido a escribirnos el Prólogo.

Unas personas claves nos asistieron en el arduo proceso de creación de este libro: José A. González, Annette Rivera Pérez, y Samuel y Marisol González. No existen palabras que describan la bendición de contar con nuestras familias González, compuestas por guerreros espirituales.

Queremos resaltar el compromiso y la dedicación de nuestra editora Ofelia Pérez, quien creyó en el potencial del concepto y entendió la necesidad de este mensaje para nuestros solteros en la actualidad.

Damos gracias a Lily Jiménez Moya y a Adarga Entertainment Group, LLC y a aquellos que gentilmente nos apoyaron con sus endosos a esta obra, porque de una u otra forma estuvieron dispuestos a dar la milla extra por nosotros.

Queremos agradecer también a todos los lectores que harán suyo nuestro libro y lo recomendarán a personas que lo necesiten, permitiendo que el Rey de los Cielos impacte sus vidas. Gracias de corazón.

TABLA DE CONTENIDO

PRÓLOGO

Una de las prioridades en nuestra vida familiar y ministerial es ser testimonio vivo de lo que desde jóvenes aprendimos y enseñamos ahora a nuestras hijas y a los jóvenes de nuestra congregación: la espera del verdadero amor y la selección de la pareja idónea, de acuerdo con el propósito divino.

Dios tiene que ser el centro de nuestras vidas y, como leemos en este libro, de la decisión trascendental del matrimonio y la selección de la pareja correcta para acompañarnos en la vida y el servicio a Dios.

Como pastores y ministros del Señor, nos llena de satisfacción y de alegría conocer el testimonio de Samuel y Joann, y que Joann haya hecho el compromiso de esperar por su Original ante nosotros en nuestra iglesia junto, y ante sus padres. Nos sentimos aún más orgullosos de presenciar que, además de su ministerio de adoración, Linaje Escogido, presentan este libro, *No te conformes con la Copia,* enseñando a los solteros a esperar hasta encontrar la pareja correcta que Dios tiene para cada uno, en lugar de dejar que las emociones les dominen.

El libro *No te conformes con la Copia* tiene la fuerza de un estudio bíblico y el lenguaje práctico que los solteros necesitan para abrir sus ojos, y tener sabiduría y paciencia para reconocer la pareja "Original", como dicen los autores, que Dios tiene para ellos y, no conformarse con "la Copia".

Este es un libro efectivo y útil, no solamente para solteros sino para viudos, divorciados, y para que los padres eduquen a sus hijos en este delicado, pero crítico tema de la selección de pareja.

Samuel y Joann, gracias por su valentía, su mensaje tan bien fundamentado, y por aceptar el llamado de Dios ante un tema que requiere discutirse por ser la base de tantas disfunciones en nuestra sociedad.

Les bendecimos y les deseamos éxito en todos sus proyectos.

OTONIEL Y OMAYRA FONT
Pastores Iglesias Fuente de Agua Viva
Puerto Rico y Orlando, Florida
Autores de éxitos de ventas

INTRODUCCIÓN

Somos un matrimonio comprometido en compartir nuestro testimonio y cómo le dimos la oportunidad a Dios de sacar de nuestra vida las personas que no eran parte de su diseño divino. Cansados de los tropiezos, de llorar, de sufrir malas experiencias y desilusiones, decidimos dejar que Dios enderezara nuestros pasos. En nuestras oraciones le pedimos que nos tomara de la mano y nos dirigiera a la persona correcta con la que Él quería que compartiéramos el resto de nuestros días. Prometimos caminar con paso firme por el sendero que nos trazara, para alcanzar los propósitos que Él tenía para nosotros.

Dios usa a quien quiere, cuando quiere y de la manera que quiere para hacer llegar a tu vida la dirección que necesitas, siempre y cuando la desees. Damos gracias al Creador por la manera que utiliza a los siervos que se ponen en sus manos para hacer la diferencia en otras vidas. En mi caso (Joann) uno de los ejemplos de esto fue escuchar las prédicas de Yesenia Then. Dios ponía frases en su boca que golpeaban mi corazón y yo sabía que eran palabras proféticas de dirección para mi vida, siendo esto de gran influencia en este libro. En mi caso (Samuel) Dios me hablaba a través de profecías y sueños donde me indicaban las decisiones que debía tomar y por qué debía tomarlas.

Nuestros padres han sido una pieza clave en haber tenido la valentía de tomar la decisión correcta de esperar el uno por el otro. Mis padres (Joann) me llevaron a una actividad de jóvenes realizada por los pastores Omayra y Otoniel Font cuando era adolescente. En dicha actividad se hacía un compromiso con Dios de mantenerse en abstinencia hasta que llegara a nuestra vida la persona con la que realmente Dios quería que compartiéramos como pareja idónea. Hice esa promesa con toda la sinceridad y con todas las fuerzas de mi corazón. Por otro lado, mis padres (Samuel) siempre me aconsejaban y me decían cómo se sentían con cada una de las personas que mostraban algún interés en mí, siendo una sabia influencia en mi travesía hasta encontrar a Joann.

En el año 2016, mientras mantenía mis (Joann) oídos espirituales buscando la voz de Dios de todas las formas que quisiera hablarme, sintonicé una estación de radio cristiana. Escuché a una persona exponiendo su opinión sobre si Dios escoge o separa una pareja para cada persona. La opinión que comunicó fue que Dios no escoge la pareja de cada persona, sino que cada persona escoge a otra, y que Dios los va a bendecir sin importar a quien hayan escogido. Su argumento fue basado en Proverbios 18:22: *"Quien halla esposa halla la felicidad: muestras de su favor le ha dado el SEÑOR"*.

La persona decía que no había ninguna prueba en la Biblia que demostrara que Dios escoge tu pareja.

Llegó el momento cuando comenzó a retar a los oyentes diciendo: "Quiero que alguien que nos esté escuchando se atreva a llamarme a la estación de radio, y mencione al menos un ejemplo de la Biblia en el cual Dios separaba una pareja para alguien". En ese momento sentí la inquietud de llamar a la estación de radio para contarles brevemente mi historia y la razón por la que difería de lo absoluto de su opinión. A pesar de que mi llamada entró al segmento de radio, no pude exponer mi punto de vista, ya que no venía a mi mente ninguna base escritural, solo mi experiencia personal.

Me sentí triste e impotente por todos los solteros que pudieron haberse confundido por la opinión de esta persona que irresponsablemente y teniendo el poder de los medios de comunicación en sus manos, los utilizó de una manera incorrecta. Posiblemente, por causa suya muchas personas pudieron haber decidido darles rienda suelta a sus sentimientos con la persona incorrecta. También sentí pesar por aquellos que solo necesitaban un comentario como ese para unirse en casamiento, aun sintiendo la inquietud de que esa persona no era la que Dios tenía para ellos según su perfecta voluntad.

Fue en ese momento donde nació en mi interior la necesidad de buscar todo lo que decían las Sagradas Escrituras al respecto. Desde ese entonces me comprometí conmigo misma a buscar la información necesaria para ayudar al confundido, extender la mano al desesperado y a los que no tienen las herramientas para determinar si la persona que tienen en su vida es la Original o una Copia.

Luego de haber vivido una experiencia tan contundente que prueba que esta persona de la radio estaba en tan grave error, quisimos compartir nuestro testimonio contigo. No te desesperes. Permítele a Dios que te dirija. Dile al Eterno que te tome de la mano y te dirija a los brazos de la persona correcta, a los brazos de tu Original. Verás que en el futuro podrás unir tu testimonio al nuestro y juntos podremos seguir llevando este mensaje para la gloria y honra de Dios, y para el crecimiento de su reino. Recuerda que podrás alcanzar tu mayor potencial solamente si esperas por El ORIGINAL y no al lado de LA COPIA.

CAPÍTULO 1

DIOS ES ESPECÍFICO EN EL TIEMPO PERFECTO

Para desarrollar este tema, comenzaremos con la primera pareja que se menciona en el primer libro de las Sagradas Escrituras. Génesis 2:22 dice: *"hizo una mujer y se la presentó al hombre"*. El mismo Dios formó a esa primera mujer y se la presentó a Adán.

Otro relato de las Sagradas Escrituras nos habla de un hombre a quien Dios halló justo por su fe. Aunque su historia presenta un pasado difícil, hubo dos elementos que cambiaron su vida para siempre: dirección específica y sincronización impecable. Temprano en su vida caminó sin rumbo junto a personas de prácticas paganas, sin conocer un propósito que definiera su existencia. Cuando la realidad de su esposa estéril y la pérdida de su amado padre parecían muy fuertes para sobrellevar, repentinamente escuchó una voz en el silencio. Era la voz de Dios diciéndole: *"Vete de tu tierra y de tu parentela, y de la casa de tu padre, a la tierra que te mostraré"*. (Génesis 12:1, RVR 60)

Afortunadamente, el Todopoderoso había preparado una estrategia de salida para impulsar a este futuro patriarca hacia la realización de su propósito. Abraham, considerado el padre de la fe, hizo caso a las instrucciones de Dios de alejarse de la tierra de los caldeos hacia una tierra que más tarde se le revelaría. Se necesita mucho valor para dejar atrás todo lo que se conoce, con tal de obedecer una orden divina.

Muchos probablemente cuestionaron el proceso de pensamiento de Abraham. Tal vez muchos le pidieron que se quedara. Sin embargo, de alguna manera

Abraham podía sentir profundamente en su espíritu que la dirección y el tiempo de Dios no debían tomarse a la ligera. Abraham pudo conseguir el destino que le esperaba debido a su obediencia en salir de donde estaba. Después de un largo viaje, Dios proclamaría la hermosa tierra de Canaán como el territorio prometido para él y sus próximas generaciones para siempre.

Este relato bíblico imparte una lección muy importante para todos los creyentes y seguidores de Dios. Demuestra que Dios es específico con su dirección en nuestra vida. Tal vez no de acuerdo con nuestras expectativas, pero de seguro lo suficientemente específico para que sigamos el camino. Abraham no sabía hacia dónde se dirigía, pero sabía que Dios lo guiaría más tarde a un lugar especial. Cabe señalar que no fue hasta después de que decidió obedecer (al irse), que fue capaz de provocar que Dios pusiera en marcha los planes y el propósito que tenía con él.

Incluso en tiempos de angustia y desesperanza, Dios tiene la capacidad de alinear las cosas perfectamente. Eso es parte de su especificidad. *Cuando estamos dispuestos a percibir y obedecer la voz de Dios, como lo hizo Abraham, vienen innumerables bendiciones sobre nosotros.* La Biblia enseña que Dios *"se deleita en cada detalle de* [nuestra] *vida"* (Salmos 37:23, NTV). Si creemos que Él es omnisciente, que todo lo sabe, ¿por qué no confiamos los detalles de nuestra vida en sus manos para obtener los mejores resultados posibles? Eso debería incluir, sin duda alguna, la decisión más personal y específica de todas: la de con quién casarse.

Esta es una de las decisiones más importantes que, en algún momento, se tiene que tomar en la vida. ¡Con quién nos casamos importa! Dios prohibió a los israelitas casarse con personas gentiles porque sabía que influirían en su pueblo escogido, para que se desviara y se distrajera con la adoración de ídolos y dioses ajenos (ver Deuteronomio 7:3-4). Esta es la evidencia de que juntarnos con la persona equivocada puede alejarnos del Todopoderoso y de su propósito para nuestra vida.

Consideremos el pasaje que mencionamos anteriormente en Proverbios 18:22: *"Quien halla esposa halla la felicidad: muestras de su favor le ha dado el Señor"*. La palabra "hallar" en este versículo es la palabra hebrea *matsá*.1 El contexto de Proverbios 18:22 significa "encontrar algo buscado".2 ¿Cómo podemos *encontrar algo buscado* sin una guía específica? ¿Cómo sabemos qué buscar? ¿Cómo se hace la búsqueda responsablemente? La respuesta se encuentra en Proverbios 3:7, que dice: *"No seas sabio en tu propia opinión"*. Más bien debemos reconocer al Padre Celestial en todos nuestros caminos para que pueda enderezar nuestras sendas. Eso incluye el proceso de selección de una futura pareja conyugal si queremos obtener el favor de Dios.

En este laberinto llamado vida, el ser humano tiene una cantidad infinita de posibilidades y opciones, todo gracias al generoso don del libre albedrío. No obstante,

---

1. Strong, J. 2002. Nueva Concordancia Strong Exhaustiva, Diccionario Strong de Palabras Originales del Antiguo y Nuevo Testamento. Editorial Caribe, Inc. Pg. 260
2. Brown, F. Driver, S.R. Briggs, C.A. 1951. The Enhanced Brown-Driver-Briggs Hebrew and English Lexicon. Clarendon Press: Oxford. Pg. 1425.

si manejamos nuestras decisiones imprudentemente, nuestro tiempo y esfuerzos seguramente se perderán. Las decisiones tomadas sin consultar a Dios, primeramente, terminarán en frustración y dolor. Tomar una decisión consultando solamente nuestro corazón puede ser peligroso. Simplemente, no es un método confiable para tomar una decisión de calidad.

Las Sagradas Escrituras establecen que *"nada hay tan engañoso como el corazón"* (Jeremías 17:9). Dios ciertamente entiende el impacto de esta elección y que no debe hacerse a ciegas o en la oscuridad, sin contar con todos los elementos de juicio necesarios. Dios alumbrará el camino perfecto: *"Tu palabra es una lámpara a mis pies; es una luz en mi sendero"* (Salmos 119:105). Si utilizamos esta luz, podemos encaminar nuestra búsqueda con detalles específicos, sabia y oportunamente.

• • •

Si manejamos nuestras decisiones imprudentemente, nuestro tiempo y esfuerzos seguramente se perderán.

• • •

Conocer gente nueva puede parecer agradable, pero no debemos ignorar lo que nos gusta llamar "las sombras". *Las sombras representan las cosas o áreas en la vida de una persona que están ocultas al mundo público.* Cuando damos lugar a esas sombras en nuestra vida, podría afectar o romper una relación por la falta de transparencia. En películas de Hollywood se presentan muchas veces personajes atractivos y misteriosos para captar la atención de los espectadores. Estos protagonistas suelen ocultar algo a sus amigos o seres queridos.

Aunque el ser humano pueda llegar a estar totalmente fascinado con la apariencia externa, Dios ve la intención de cada corazón (ver 1 Samuel 16:7). Motivos ocultos, mal crédito, experiencias pasadas, tendencias abusivas, son ejemplos de "sombras" que solo Dios puede ver. Normalmente tendemos a evitar callejones oscuros por la noche, debido a la sensación de inseguridad que crean. En realidad, el miedo a lo desconocido es lo que nos hace evitarlos. *En cuanto al noviazgo antes del matrimonio, no podemos ignorar las "sombras" o cosas ocultas. Necesitamos que Dios, a través de su Palabra (su luz), despeje las sombras e ilumine el camino hacia la decisión correcta.*

• • •

No podemos ignorar las "sombras" o cosas ocultas.

• • •

Te mostramos aquí que la Biblia es lo suficientemente específica y relevante hoy día para estos asuntos. Considera los siguientes pasajes escriturales mientras realizas tu búsqueda hacia la verdad:

- Proverbios 20:6: *"Son muchos los que proclaman su lealtad, ¿pero quién puede hallar a alguien digno de confianza?"*.

¿Tu posible pareja es fiel a sus compromisos? ¿Es fiel a Dios? ¿Te ha sido fiel? Si la respuesta es no, debes reconsiderar la pareja.

- Proverbios 27:15: *"Gotera constante en un día lluvioso es la mujer que siempre pelea"*.

¿Tu novio o novia siempre está buscando discusiones? No es una gran señal.

- *Las obras de la naturaleza pecaminosa se conocen bien: inmoralidad sexual, impureza y libertinaje; idolatría y brujería; odio, discordia, celos, arrebatos de ira, rivalidades, disensiones, sectarismos y envidia; borracheras, orgías, y otras cosas parecidas.* (Gálatas 5:19-21)

¿Tu pareja muestra alguna de estas acciones? Si es así, no esperes que cambie después de enlazarse en matrimonio. Esto es una alerta de que esta puede que no sea tu pareja.

- *El fruto del Espíritu es amor, alegría, paz, paciencia, amabilidad, bondad, fidelidad, humildad y dominio propio.* (Gálatas 5:22)

¿Tu pareja refleja estos atributos? Si es así, vas por el camino correcto.

En Proverbios 31:10-31 se encuentra la descripción perfecta de una futura esposa: ejemplar, digna de confianza, buena con las personas, trabajadora, madrugadora, financieramente prudente, fuerte (física y emocionalmente), compasiva, valiente, bien vestida, honorable, alegre, sabia, amable y temerosa de Dios. Si esto suena como tu compañera, ¡tienes un guardián!

- Proverbios 19:14 dice: "*...la esposa inteligente es un don del SEÑOR*".

Dios desea que te cases con alguien que te ayude,[3] te complemente e influya positivamente en tu vida, incluso en tus llamados espirituales y seculares. Dios es específico en su Palabra. Él proporcionará la compañía inteligente que tu alma desea. Primero, debes buscar con inteligencia.

• • •

Dios desea que te cases con alguien que te ayude, te complemente e influya positivamente en tu vida cotidiana.

• • •

---

3. Ver Génesis 2:20.

CAPÍTULO 2

"YUGO DESIGUAL" Y SU AMPLIO SIGNIFICADO

Muchos, al igual que nosotros en un momento dado, no entienden a sus pastores cuando hablan de no hacer yugo desigual, como dice en 2 Corintios 6:14-15 (RVR 60):

No os unáis en yugo desigual con los incrédulos; porque ¿qué compañerismo tiene la justicia con la injusticia? ¿Y qué comunión la luz con las tinieblas? ¿Y qué concordia Cristo con Belial? ¿O qué parte el creyente con el incrédulo?

Comencemos entendiendo lo que es un *yugo*. La palabra *yugo*, según el diccionario de la Real Academia Española[4], viene del origen en latín "iugum". Yugo es un término que permite identificar el instrumento fabricado en madera donde mulas o bueyes son atados para constituir una yunta. A él se sujeta el dispositivo para direccionar el arado o el pértigo del carro. Por extensión, se suele calificar como yugo al trabajo o esfuerzo pesado, a las cargas o ataduras, mientras que la noción de yunta también se emplea para nombrar a los animales o personas que trabajan en conjunto.

---

4. Consulta en línea: https://dle.rae.es/yugo.

Otro ejemplo que presenta la Biblia del yugo desigual es Deuteronomio 22:10 (RVR 60) donde dice: *"No ararás con buey y con asno juntamente"*. Dios nos dio dicha instrucción ya que estos animales se diferencian en su tamaño, fuerza, comportamiento y velocidad para trabajar. Si estos animales son unidos para labrar la tierra bajo el mismo yugo, estas diferencias podrían causarle heridas y sufrimiento para uno de los animales, ya que hasta sus pasos son de diferentes longitudes.

El resultado de esta unión provocará que el yugo este desnivelado, creando surcos torcidos.

Si fuésemos a utilizar esta instrucción como base para buscar un buen ejemplo en las Sagradas Escrituras, uno de los casos sería la de Lot y su esposa, cuya interesante historia se encuentra en Génesis 19. Lot y su esposa eran dos personas totalmente distintas. Esto lo podemos constatar con dos cosas: primero, con el simple hecho de que Lot fue agradecido con aquellos dos ángeles que lo visitaron para mostrarle la misericordia del Eterno al avisarle que debía huir antes de que Sodoma y Gomorra fueran destruidas.

Segundo, con la obediencia de Lot cuando recibió el mandato de parte del Eterno de salir a toda prisa y de no mirar hacia atrás. Lot demostró con sus hechos que era fiel y temeroso al Padre Celestial. Sin embargo, su esposa no tuvo la misma fortaleza, firmeza y resistencia que él. Su paso no iba al mismo ritmo que el de su marido. Ella miró atrás porque su corazón estaba puesto en aquellas pertenencias que estaba dejando, y no en el agradecimiento y obediencia al Todopoderoso.

Lo mismo pasó con los yernos de Lot cuando recibieron instrucción de su suegro dejándoles saber que tenían que salir a toda prisa de aquel lugar. Al escuchar a Lot hablar de destrucción, lo interpretaron como que era una broma. Ellos tampoco fueron obedientes al mandato del Eterno. Sencillamente faltaba el Espíritu Santo dentro de ellos para discernir que el mandato era uno serio y de urgencia de parte de Dios. Sin embargo, este no fue el caso con las hijas de Lot, quienes salieron a toda prisa con su padre y no miraron hacia atrás, cumpliendo con el mandato recibido.

Las acciones, tanto de la mujer de Lot como de sus yernos, provocaron un giro en el desarrollo y crecimiento que pudo haber tenido esta familia al moverse a vivir a otro lugar. Las mismas trajeron unas consecuencias para los que sí fueron obedientes:

1. Le trajo dolor a Lot al darse cuenta de que había perdido a su mujer.
2. Lo mismo sufrieron sus hijas al perder a sus futuros maridos.
3. La descendencia que debieron haber tenido en un principio no fue posible, trastocando así sus futuras generaciones.
4. Las hijas de Lot tuvieron que tomar decisiones difíciles y tuvieron que vivir experiencias que no hubiesen sido necesarias si sus maridos hubiesen caminado al mismo paso que ellas.

Por otro lado, relacionemos las razones de la instrucción de Dios en Deuteronomio 22:10 con nuestra vida, en el proceso de buscar la pareja para casarnos. Podemos ver que el que elijamos a una pareja que no nos complemente hará que la diferencia entre ambos ocasione una carga más difícil de llevar para uno que para el otro. Esto se va a reflejar tanto en lo espiritual, como en lo material y emocional. El que los proyectos a corto y a largo plazo sean distintos entre ambos podría causar dolor y heridas que podrían resultar irreparables, como los resultados del caso de la mujer de Lot y sus yernos.

En este caso uno de los dos tendría que renunciar a sus sueños para que el otro pueda cumplir los suyos. A su vez, esto impactaría a las futuras generaciones debido a que traería como resultado sueños frustrados y la infelicidad de no haber podido realizar lo que tanto deseaban hacer.

Cuando buscamos un poco más allá, encontramos que el Mesías dijo en Mateo 11:29-30 (RVR1960):

> *Llevad **mi** yugo sobre vosotros y aprended de mí, que soy manso y humilde de corazón; y hallareis descanso para vuestras almas; porque **mi** yugo es fácil, y ligera **mi** carga" (énfasis añadido).*

Es importante resaltar que el Mesías hace tres veces énfasis en "mi", dándonos a entender que es condicional el hecho de que sea fácil el yugo y ligera la carga, siempre y cuando sea suya. Esto quiere decir que depende de nosotros en nuestro libre albedrío decidir por hacer la voluntad de Dios y que sea Él quien nos ayude con la carga.

Ejemplo de la vida cotidiana de un estudiante sería si estando en el último año escolar, tuviese en sus manos

> Uno de los dos tendría que renunciar a sus sueños para que el otro pueda cumplir los suyos.

la decisión de tomar un examen de su grado actual (carga de Dios) o de un grado de universidad (carga mayor a la que no estaba preparado). Claramente las probabilidades de aprobar el examen de su grado actual serían mucho más altas porque estaba preparado para eso. Dios no te está diciendo que no pasarás por pruebas o que no tendrás que esforzarte. Él te está diciendo que Él es quien te prepara para toda prueba.

CAPÍTULO 3
EL YUGO
PERFECTO

"Porque mi yugo es fácil, y ligera mi carga".
(Mateo 11:30, RVR 60)

El Mesías siempre compartió sus enseñanzas en forma de cuentos cortos (parábolas) que fueran comprendidos y de fácil absorción desde el más humilde hasta el de más conocimiento. Al igual que su Padre del cielo, quien siempre se ha valido de su creación para obrar en medio nuestro, el Mesías también lo hizo. En el verso anterior, compartido en el encabezado, dice:

Llevad mi yugo sobre vosotros, y aprended de mí, que soy manso y humilde de corazón; y hallaréis descanso para vuestras almas. (Mateo 11:29, RVR 60)

Pero ¿cómo comprendemos entonces esta aparente contradicción? Sabemos que el yugo de los tiempos bíblicos era una pieza de madera que se acomodaba en la parte del cuello de dos bueyes para sumar sus fuerzas, de manera que pudieran trasladar pesadas cargas o arar la tierra para prepararla para la siembra; pues por ahí ya se va haciendo una relación.

Cada individuo lleva consigo sus propias cargas durante su vida y estas son tanto físicas como espirituales. Por lo tanto, usando nuestro libre albedrío, es prudente y beneficioso darle la oportunidad a nuestro Creador de ponernos su "yugo". Como Ser Supremo, Él es el único que puede dirigir nuestros pasos para realizar el propósito que tiene con cada cual y que los surcos sean hechos en la dirección correcta y perfecta.

Con mucha frecuencia escuchamos de personas, familia, amigos que cometen errores, los cuales pensaron que eran su mejor opción. Luego se encuentran en encrucijadas que no hubieran deseado jamás. Es una realidad de todo ser humano; lo trataré de explicar de forma matemática. *La vida es la suma de todas nuestras decisiones y, como en toda sumatoria, esta dará un resultado positivo o negativo en base a cuántas decisiones fueron positivas y cuántas negativas.* De esta manera podemos ver que mientras más decisiones acertadas (positivas) tomemos, mayor probabilidad habrá de que tengamos éxito en nuestras vidas; pero ¿cómo lograrlo?

Las Sagradas Escrituras nos dicen en Proverbios 23:26 (RVR 60): *"Dame, hijo mío, tu corazón, y miren tus ojos por mis caminos"*. De la misma forma en el libro de Apocalipsis 3:18 (LBLA) lee así:

Te aconsejo que de mí compres oro refinado por fuego para que te hagas rico, y vestiduras blancas para que te vistas y no se manifieste la vergüenza de tu desnudez, y colirio para ungir tus ojos para que puedas ver.

¡Con cuánto amor nuestro Padre Celestial nos llama a ser sus discípulos y a darle en nuestro corazón el lugar que Él se merece! Queda entonces claro que el yugo que ofrece el Mesías es realmente ligero y fácil de llevar si entendemos que, incluyendo a Dios en todas nuestras decisiones, tendremos la orientación y dirección correcta para continuar en el camino correcto y perfecto.

Por otra parte, existen personas que en su libre albedrío deciden unirse a un yugo diferente al de Jesús. No entienden la importancia de lo que estipula Eclesiastés 4:12, donde dice que un cordón de tres dobleces no se rompe fácilmente. Esto quiere decir que es importante nuestra relación con Dios, primeramente, para que a través de Él se pueda seleccionar entre millones de personas la mejor opción y la más compatible contigo. Es por esto por lo que muchas personas que han tenido una mala experiencia como casados, posiblemente se han formulado en su mente alguna vez la pregunta: "¿En realidad sabía Dios lo que hacía al inventarse el matrimonio?".

Aunque suene graciosa siquiera la formulación de esta pregunta, es una posibilidad real, entendiendo que no todos tenemos la misma base en las Sagradas Escrituras. Por lo tanto, intentaremos dar respuesta a la misma, de manera que hasta un niño comprenda.

Sabemos que, en el primer libro de la Biblia, Génesis, Dios creó al hombre a su imagen y semejanza y que luego vio que necesitaba una compañera, por lo cual se dispuso a crear del propio cuerpo de Adán a quien sería llamada su esposa, Eva. Aquí comienza nuestro recorrido que intentará, más que nada, describir por qué Dios quiso diseñar la humanidad partiendo de este acuerdo nupcial.

Con la bendición de Dios, el ser humano nace con la habilidad de aprender. Cada cual según su capacidad será parte de una sociedad en la que aprenderá a desenvolverse en todos los ambientes: hogar, familia, escuela y trabajo. En su justo momento, también llegará el matrimonio.

¿Por qué tiene que llegar este momento en el que se comprometen dos personas hombre/mujer con la intención de compartir el resto de sus vidas? Fue el diseño Original de Dios para que fuese habitada toda la tierra. Ahora bien, ¿por qué se entra en conflictos dentro de este compromiso, a tal grado que se llega al punto de separación? ¿Estás preparado para la respuesta? Es que olvidan mantener en su viaje a aquel que fue testigo principal en el día de boda. Aquel ante el cual responden, "sí, quiero", es olvidado tan rápido en ocasiones que aún no ha terminado la actividad cuando ya están pensando en una separación.

Entonces es necesario comprender que, aunque no vemos físicamente ese tercer doblez durante la ceremonia, que es Dios, Él estuvo ahí presente observándolo todo. *Observó las flores, los arreglos, los invitados y sus hermosas ropas, pero sobre todo a los esposos,* elegantes, hermosos y radiantes mirándose con el corazón, esperanzados en una vida juntos hasta que el mismo que los unió dispusiera el final de su historia de amor al término de sus vidas.

¿Cómo podemos saber si estamos dándole a Dios el lugar que le corresponde en nuestro matrimonio? Solamente si vivimos en obediencia a su Palabra, Él permanecerá entre nosotros. No podemos pretender que Dios esté entre nosotros si no vivimos conforme a su voluntad. Es un error común en muchas parejas pensar que con su esfuerzo pueden tener un mayor éxito en su matrimonio. La presencia del Eterno día a día estará guiando toda decisión que se tome, la cual sin lugar a duda será la más correcta. De esta manera nuestro compromiso irá de bendición en bendición.

De ninguna manera se pretende señalar que nunca vendrán problemas en un matrimonio creyente. No será una vida color de rosas. No será una vida de telenovela o un cuento de hadas. Siempre es necesario ser probados. Es bíblico que seamos pasados por el fuego para saber qué grado de fe tenemos, como nos dice en 1 Pedro 1:7 (RVES):

Para que la prueba de vuestra fe, mucho más preciosa que el oro, el cual perece, bien que sea probado con fuego, sea hallada en alabanza, gloria y honra, cuando Jesucristo fuera manifestado.

Pero con la ayuda del Eterno, todo lo podemos vencer.

Los pastores que normalmente trabajan con problemas matrimoniales muchas veces se enfrentan a situaciones en donde un cónyuge culpa a la otra parte de no haberse dado lo suficiente para mantener viva la llama del amor. Siempre el culpable es el otro. Se oyen excusas como, "ella es de esta manera", "él tiene cosas que no me gustan", "ella hace esto o lo otro", "¡no me satisface!" Pero, detengámonos por un momento. En Lucas 6:41 (VIN) dice:

¿Por qué miras la paja que hay en el ojo de tu hermano pero dejas de ver la viga que está en tu propio ojo?

Hay una regla de oro en las Sagradas Escrituras en Mateo 7:12 (VIN):

De modo que, todo lo que quieran que los hombres hagan por ustedes, así también hagan por ellos.

• • •

El secreto está en esforzarnos en hacer feliz a nuestra pareja; solo así la felicidad vendrá de vuelta.

• • •

¿Qué tal si nos evaluamos primero nosotros, antes de ver las deficiencias de la otra parte?

El secreto está en esforzarnos en hacer feliz a nuestra pareja; solo así la felicidad vendrá de vuelta. Es que no se trata de sentarnos a esperar que nos hagan felices, tenemos que comenzar nosotros. ¡Ahí está el secreto!

Cuando el poder de Dios está en nosotros nos hace actuar de manera distinta. Los egos, el orgullo, la predisposición, los celos infundados no tendrán lugar en la pareja; por lo cual, la puerta a la comunicación efectiva siempre estará abierta.

Podría algún lector pensar, "es que ya lo he intentado y no funciona"; pues inténtalo nuevamente, pero asegúrate de que el orden sea el correcto:

a) Pon a Dios ante todo en tu vida y tu relación. Proverbios 1:7 (LBLA) dice: *"El temor del Señor es el principio de la sabiduría; los necios desprecian la sabiduría y la instrucción."*. Este temor no es miedo sino, más bien, reverencia[5].

b) Antes que sentarte a esperar demostraciones de amor, demuéstralo tú primero, pero de manera honesta y sincera. Sobre todo, se debe mantener en mente lo que Dios nos llama a hacer en Romanos 12:21 (LBLA): *"No seas vencido por el mal, sino vence con el bien el mal"*. Así se logra tener en gran estima el matrimonio.

c) En toda oportunidad se debe orar mientras están pasando por pruebas y dificultades, haciéndolo de la siguiente manera:

"Padre mío, tú nos has permitido compartir este amor que viene de ti. Los problemas han llegado y no supimos cómo enfrentarlos. Hoy te entrego mi ser, ayúdame a recordar siempre el sentimiento que me unió a mi pareja y que así podamos mantenernos siempre en el verdadero amor".

---

5. Strong, J. 2002. Nueva Concordancia Strong Exhaustiva, Diccionario Strong de Palabras Originales del Antiguo y Nuevo Testamento. Editorial Caribe, Inc. Pg. 189

El verdadero amor se entrega sin segundas intenciones. Es un amor como el que el Mesías demostró por nosotros; como el descrito en 1 Corintios 13:4-8 (RVR 60):

El amor es sufrido, es benigno; el amor no tiene envidia, el amor no es jactancioso, no se envanece; no hace nada indebido, no busca lo suyo, no se irrita, no guarda rencor; no se goza de la injusticia, más se goza de la verdad. Todo lo sufre, todo lo cree, todo lo espera, todo lo soporta. El amor nunca deja de ser...

De esta manera terminamos este capítulo dejando claro que es de suma importancia darle el lugar en nuestro corazón a nuestro Dios poderoso, antes y después de unirse en matrimonio. Hay que recordar siempre que el *"cordón de tres dobleces no se rompe pronto"* (Eclesiastés 4:12, RVR 60).

CAPÍTULO 4

LA ORIGINALIDAD DE DIOS VS. LAS COPIAS DEL TENTADOR

Desde Génesis, el primer libro de la Biblia, vemos la originalidad de Dios creando de la nada absoluta algo sin precedentes. Él no imita, sino que crea desde su propia imaginación y sabiduría. Sin embargo, el enemigo hace todo lo contrario y se encarga de tentarte con una Copia de cada una de las cosas que Dios te haya prometido para desviarte del camino que te lleva a la perfecta voluntad de Dios.

Conocemos las propuestas que le hizo el Tentador a Jesús cuando estaba en el desierto, justo antes de que comenzara a predicar del reino de Dios (Mateo 4:1-11). Lo retó a que convirtiera unas piedras en pan, a que se suicidara, le ofreció todo lo que sus ojos podían ver. El Hijo de Dios resistió hasta que el Tentador se apartó de él. Todas las formas en que Satanás intentó tentar al Mesías, lo hizo tergiversando lo Original, las promesas y mandamientos de su Padre. Cuando llevamos esto al presente, podemos hacer las siguientes comparaciones de cómo el maligno tergiversa lo creado por Dios:[6]

---

6. Consulta en línea: Eres especial / Iglesia Bautista Getsemaní De Montreal http://www.iglesiagetsemanidemontreal.com/%C2%A1Originales--%C2%BFo-Copias-_ws56741.wsbl)

Originalidad de Dios	Copia del Tentador
Libertad	Adicciones
Sexo dentro del matrimonio	Inmoralidad sexual (fornicación, adulterio y pornografía)
Voluntad de Dios	Voluntad propia
Matrimonio	Unión libre
Profecía	Adivinación
Música que honra a Dios	Música que honra al maligno

Libertad vs. adicciones

En la tabla podemos ver ejemplos que Dios creó y cómo el Tentador los tergiversa para tentarnos. Comencemos con la libertad que Dios nos dio para que pudiéramos escogerlo a Él. Es por esto por lo que entregó a su hijo unigénito para morir por nosotros y entregarnos la libertad, según Gálatas 5:1. En el mismo versículo, Dios nos hace un llamado a que no nos sujetemos nuevamente del yugo de la esclavitud.

El Tentador, ya sabiendo que Dios te hizo libre, te presenta todo tipo de alternativas que puedan convertirse en adicciones, para poderte mantener bajo su control. Cuando hablamos de las adicciones o vicios, como lo son el alcohol, las drogas, fumar, juegos de azar, entre otras, pueden ser aquello que corrompan la mente y te consuman tiempo, provocando que desatiendas tu relación con Dios, tu ministerio, trabajo, matrimonio y familia. Una vez te expones accediendo a este tipo de costumbres, tu cuerpo comienza a crear dependencia, quitándote la libertad y convirtiéndote en esclavo nuevamente.

Sexo dentro del matrimonio vs. inmoralidad sexual

El sexo dentro del matrimonio fue instituido por Dios para la procreación, el disfrute en pareja y la unidad emocional por este vínculo. Esto fue instituido desde el principio cuando Dios unió en matrimonio a la primera pareja, Adán y Eva, y les dijo que *"serán una sola carne"* (Génesis 2:24, RVR 60). Con esto dejó claro que solo las parejas casadas deben tener relaciones sexuales. Hebreos 13:4 establece que el matrimonio es honorable y que el lecho conyugal debe ser sin contaminación. En el mismo versículo también estipula que Dios juzgará a los fornicadores y a los adúlteros.

El Tentador presenta la fornicación física como algo accesible, por medio de parejas, amigos y hasta familiares. Uno de los ejemplos más comunes en juveniles es cuando están con alguna pareja que le pone a prueba su amor diciéndoles que están dispuestos a perder su virginidad con ellos. Esto también suele suceder, al contrario, en donde la pareja le pide la famosa prueba de amor, diciéndoles: "Si tú realmente me amas, demuéstramelo entregándome tu virginidad y si no lo haces, es que no me amas de verdad".

En caso de que te enfrentes a tal situación, te aconsejamos contrarrestar dicha propuesta lanzándole el siguiente reto: "Si tú realmente me amas, vas a respetar mi relación con Dios y mi decisión de esperar hasta el matrimonio". Si la persona te quiere genuinamente, respetará tu decisión y no te volverá a hacer esta propuesta tan deshonesta, egoísta e injusta para ti. Tampoco pierdas de vista que si sus intenciones hubiesen sido buenas nunca te lanzaría dicho reto, en primer lugar.

Debemos ser conscientes de que Dios nos insta a huir de la fornicación. Esto quiere decir que debemos evitar estar a solas con nuestra pareja o hasta considerar poner fin a dicha relación, de ser necesario, para no pecar. Esto debido a que el que fornica peca contra su propio cuerpo; ya que nuestro cuerpo es templo del Espíritu Santo y le pertenece a Dios al haber sido comprado a precio de sangre (ver 1 Corintios 6:18-20).

Lamentablemente es, en este momento, donde muchos adolescentes pierden su inocencia entregándoles el regalo más preciado que puede recibir una persona en la tan esperada noche de bodas. Adicional a esto, tener relaciones antes de la unión en matrimonio está en contra de lo establecido por Dios. Las personas que hacen esto se exponen a sinnúmero de consecuencias negativas como embarazos no deseados, etapas no vividas y enfermedades de transmisión sexual.

Durante nuestra vida estamos en constante competencia entre lo espiritual y los deseos carnales. Sin embargo, la voluntad de Dios es que busquemos la santidad apartándonos de la fornicación y la inmundicia (ver 1 Tesalonicenses 4:3-7). El permitir que tu cuerpo (y no el Espíritu Santo de Dios) controle tus acciones es un acto de rebeldía contra Dios. El usar a alguien para cumplir un deseo de la carne es egocéntrico y abusivo. Incluso si la pareja está dispuesta, todavía le estás ayudando a pecar y estás alterando negativamente la relación de esa persona con Dios.[7]

Los jóvenes que no tienen su fe bien fortalecida y sus raíces profundas en el evangelio son propensos a caer en las trampas que Satanás les tiende en el camino. Pueden caer fácilmente en las garras de una mujer u hombre como se describe en Proverbios 5 (este capítulo puede aplicar tanto a mujer como a hombre). Este capítulo dice que los labios de la persona prohibida destilan miel; su boca es más suave que el aceite; pero al final es más amarga que el ajenjo, afilada como espada de dos filos. Sus pies bajan a la muerte; sus pasos llevan a la fosa. No transita por una senda de vida; su sendero es tortuoso por falta de conocimiento. Mantente lejos de ella o de él y no te acerques a la puerta de su casa.

¿Por qué enamorarte de una mujer o de un hombre prohibido? ¿Por qué aferrarte al pecho de una extraña o un extraño? Los caminos del hombre están ante los ojos del Todopoderoso; Él examina todo su proceder. Otras de las estrategias del maligno es poner a nuestro alcance la pornografía, para tratar de corromper las

---

7. Consultado en línea: https://www.gotquestions.org/Espanol/virginidad-biblia.html

mentes y los corazones del pueblo de Dios. Debemos tener mucho cuidado con lo que vemos, ya que Jesús dijo en Mateo 6:22-23:

El ojo es la lámpara del cuerpo. Por tanto, si tu visión es clara, todo tu ser disfrutará de la luz. Pero, si tu visión está nublada, todo tu ser estará en oscuridad. Si la luz que hay en ti es oscuridad, ¡qué densa será esa oscuridad!

Un estudio conducido en el 2016 indicó que el 51% de varones de 13 años en adelante hacen uso de la pornografía por lo menos una vez al mes. En adición a esto, reflejó que el 33% de mujeres de 13 a 24 años buscan pornografía una vez al mes.[8] Si lo que consumes es pornografía, vas a comenzar a incrementar tu hambre y tu apetito sexual fuera de tiempo y de la forma incorrecta. Parte de las consecuencias de este acto puede ser que llegues al matrimonio con una idea absurda y malsana de lo que es estar íntimamente con tu pareja. Debido a tus falsas expectativas, estarás aumentando el riesgo de no poder tener una vida saludable en pareja, según como Dios lo estipuló en su Palabra.

Si estás envuelto en este tipo de prácticas, ¿cómo podrías pretender que Dios te dé la pareja que Él tiene separada para ti? De ser así, no vas a saber valorar a tu pareja, ya que tus adicciones les servirán de tropiezo espiritual tanto a esa persona como a ti. Esto significa

---

8. George Barna Group junto a Covenant Eyes, publicado en World Magazine el 3 de marzo del 2018.

que no estás preparado para recibir lo que Dios tiene para ti.

Dios es omnisciente y omnipresente; Él todo lo ve, todo lo sabe y puede estar en todo lugar al mismo tiempo. Por lo tanto, debemos tener la certeza de que, aunque te escondas en el rincón más oscuro, y aunque borres el historial de búsquedas en el Internet de tu computadora o celular, Él sabe lo que estás haciendo. Por otra parte, también es cierto que Dios es omnipotente, que tiene todo el poder para perdonarte y hacerte nuevo por el sacrificio de su hijo amado, el Mesías. Solo basta con que te arrepientas con todo tu corazón para que Dios, en su infinita misericordia, perdone todos tus pecados como nos dice en Isaías 1:16 y 18 (RVR 60):

Lavaos y limpiaos; quitad la iniquidad de vuestras obras de delante de mis ojos; dejad de hacer lo malo…si vuestros pecados fueren como la grana, como la nieve serán emblanquecidos; si fueren rojos como el carmesí, vendrán a ser como blanca lana.

La pornografía también afecta las relaciones matrimoniales, ya que a la persona que es adicta le será difícil satisfacer sus necesidades sin pensar en la fantasía de otras personas. Esto le puede hacer daño físico o emocional a ambos. Esa misma necesidad insaciable le podrá provocar una continuidad en la costumbre de ver estos videos o imágenes, alimentando aún más sus deseos carnales. La Biblia nos menciona que con tan solo mirar y codiciar a otra persona ya cometes el pecado del adulterio en tu corazón, según Mateo 5:28. Lo que escuchas o ves se convierte en pensamientos que pueden llegar a tu corazón y convertirse en alguna acción como nos dice en Mateo 15:19 (RVR 60):

Porque del corazón salen los malos pensamientos, los homicidios, los adulterios, las fornicaciones, los hurtos, los falsos testimonios, las blasfemias.

En 2 Samuel 11 y 12, se encuentra el ejemplo de lo que le pasó al rey David cuando codició a la esposa de Urías. Era una época en donde los reyes salían a la guerra, y David envió a Joab junto con todos sus siervos para que lucharan en contra de los amonitas. El rey David se quedó en Jerusalén, cuando una tarde se levantó de su cama y salió a caminar por la terraza. Mientras caminaba en la terraza, observó a una mujer muy hermosa que se estaba bañando. Luego de esto, preguntó el nombre de aquella mujer, recibiendo como respuesta que se trataba de Betsabé, hija de Eliam y esposa de Urías.

David mandó a traer a Betsabé y tuvo relaciones íntimas con ella. Betsabé se da cuenta de que estaba embarazada del rey David. El rey, al enterarse de esta noticia, mandó a traer a Urías para que estuviera íntimamente con su esposa y así pareciera que el hijo era de Urías. Cuando Urías llegó ante el rey, David le pidió que le dijera cómo estaba todo en la guerra. Luego le dijo que fuese a su casa y estuviera con su esposa Betsabé.

Al salir Urías de la presencia del rey David, se quedó dormido a la puerta de la casa real y no fue a su casa como David tenía planificado. El rey David lo invitó a comer y lo embriagó para que esa noche se fuese Urías a su casa a estar con su mujer, y nuevamente Urías se quedó dormido a la entrada de la casa real. Entonces el rey David envió a Urías hacia el área de batalla para entregarle una carta a Joab. En esa carta David le daba la instrucción a Joab de poner a Urías en el frente de batalla, y que cuando estuviera en la guerra, lo dejaran para que muriera. Joab siguió las instrucciones del rey David, y Urías murió.

El rey David pensó que había solucionado todo y luego que Betsabé guardó su luto, la llevó a vivir a la casa real y la hizo su mujer. David pensaba que se había salido con la suya. Al parecer no recordaba que nada pasa en este mundo sin que Dios lo sepa. El Eterno envió al profeta Natán a donde el rey David a sacarle a la luz todo el pecado que había cometido.

David le pidió perdón a Dios entendiendo el mal que había hecho. El profeta Natán le dijo a David que Dios había perdonado su pecado, pero que el hijo que había tenido con Betsabé iba a morir como consecuencia de su pecado. El hijo de David enfermó de gravedad. El rey se cambió su ropa, ayunó, oró, lloró y rogó tirado en el suelo, pidiéndole a Dios que perdonara su pecado y le diera la oportunidad de que su hijo no muriera. A los siete días el hijo del rey David murió.

Con el ejemplo de David vemos que tan solo bastó con una mirada para que el rey codiciara en su corazón y luego convirtiera su deseo en realidad. David pecó de cuatro formas distintas: cuando deseó o codició a Betsabé, cuando estuvo en intimidad con ella, cuando trajo bajo engaño a Urías tratando de tapar su falta, y cuando ordenó que dejaran que mataran a Urías con la espada de los adversarios. Existen personas que se confían de la misericordia de Dios para cometer sus pecados, sabiendo que, si se arrepienten, Dios siempre los perdonará con todo su corazón.

Sabemos con certeza que la misericordia de Dios es infinita. Sin embargo, eso no nos exime de las consecuencias de nuestros actos, ni de su impacto a los que nos rodean y a nuestras próximas generaciones, tal y como le pasó a David. Por estas razones, llenemos nuestra mente de todo lo verdadero, todo lo que es digno de respeto, todo lo recto, todo lo puro, todo lo agradable, y todo lo que tiene buena fama. Piensen en toda clase de virtudes, en todo lo que merece alabanza (ver Filipenses 4:8).

> • • •
>
> La misericordia de Dios es infinita. Sin embargo, eso no nos exime de las consecuencias de nuestros actos.
>
> • • •

Si mantenemos nuestra mente llena de buenos pensamientos, llevaremos cosas positivas a nuestro corazón, que al final se convertirán en buenas acciones que alegren el corazón de Dios.

Voluntad de Dios vs. la voluntad propia

En muchas ocasiones escuchamos personas diciendo que no saben cuál es su propósito en la vida o cuál es la voluntad de Dios. Salmos 139:16 (RVR 60) dice:

Mi embrión vieron tus ojos, y en tu libro estaban escritas todas aquellas cosas que fueron luego formadas, sin faltar una de ellas.

Podemos entender que Dios tuvo un pensamiento, identificó una necesidad en el mundo, y decidió crearte con ese propósito en específico, para que a través de ti otras personas fueran edificadas. Al leer ese versículo, también podemos ver que Dios te conoce desde antes que te vieran tus padres. Desde ese momento, Él ya tenía escritos todos sus planes contigo. Dios conoce todo de ti, tu pasado, presente y futuro, incluyendo lo que te hace feliz o infeliz.

Por lo antes expuesto Dios nos dejó instrucciones claras y precisas que debemos cumplir para que nos vaya bien, y seamos de larga vida sobre la tierra. Esas instrucciones son cumplir con nuestro propósito de vida, hacer su voluntad y obedecer lo que dice en su Palabra (ver Deuteronomio 5:33).[9] *Si tuviésemos presente en todo momento que antes de tomar cualquier decisión debemos preguntarle a Dios cuál es su voluntad, de seguro nos ahorraríamos muchas lágrimas y dolor.*

---

9. Consulta en línea. https://entaconadas.co/tu-voluntad-o-la-de-dios/

A muchas personas les encanta el pasaje escritural de Deuteronomio 28:13 (LBLA) que dice: *"Y te pondrá el Señor a la cabeza y no a la cola, solo estarás encima y nunca estarás debajo..."*. No obstante, se les olvida leer la segunda parte del mismo versículo donde indica que la primera parte es condicionada a *"...si escuchas los mandamientos del Señor tu Dios que te ordeno hoy, para que los guardes cuidadosamente"*. Por esta interpretación incompleta, muchas veces se consideran ser ellos la cabeza, tomando al Eterno como su cola, cuando el Todopoderoso lo que les estaba diciendo era que lo obedecieran a Él primero que a nada y que Dios mismo los pondría como cabeza en este mundo.

Otro versículo mal interpretado es Salmos 37:5, entendiendo que pueden tomar cualquier decisión arbitrariamente solamente encomendándose a Dios sin esperar en Él como dice en Salmo 37:7. Personas con esta mentalidad, dicen: "Por aquí voy, bendíceme y prospérame", sin preguntarle a Dios su voluntad. No podemos anteponer nuestros planes y deseos del corazón a la voluntad perfecta de Dios.

Una de las grandes estrategias del Tentador es hacerte ver a través de la prensa, la televisión y todo medio existente, que lo único importante eres solamente tú y tu felicidad. Vemos promociones en todo lugar relacionado a todo tipo de productos con mensajes como "La vida es solo una", "El cuerpo te lo pide", "El cuerpo lo que pide es calle". Al leerlos, nos llama la atención que dos de los tres eslogans mencionados hablan sobre lo que te pide el cuerpo y podemos recordar el versículo que dice *"...el espíritu está dispuesto, pero la carne es débil"* (Mateo 26:41, LBLA). Ciertamente son promociones alineadas a la campaña del Tentador, llevándote a que le des completa libertad a tu carne, a tu corazón y busques tu felicidad sin contar con la voluntad de Dios.

Todas estas campañas y estrategias solo te dicen cómo te sentirás temporalmente, creando momentos de felicidad a través de los placeres de la carne. Sin embargo, no te dicen todas las consecuencias de darle rienda suelta a lo que siente tu corazón. En esos momentos es que nos creemos más sabios que Dios y justificamos nuestras razones con nuestros sentimientos, con nuestras necesidades, con nuestra propia lógica. Pensamos muchas cosas y damos excusas que solo nos satisfacen a nosotros mismos como: "Dios lo sabe todo", "Dios sabe que lo hice por amor", "Dios sabe que no tenía opción".

Por sobre todas las cosas, Dios es justo; y aunque Él es amor, también es fuego consumidor (ver Deuteronomio 4:24; Hebreos 12:29). A Él no se le puede mentir ni engañar con excusas. Sin embargo, de muchas cosas hemos salido ilesos gracias a su inmensa misericordia. No obstante, de seguro que de todos hemos tenido que pagar algún precio con algunas consecuencias (dolor, desilusión, decepción, frustración, pérdidas, sufrimiento, y quién sabe cuántas más).

El Tentador te ofrece que hagas tu propia voluntad llevándote a conformarte con los placeres temporales, con lo cómodo, lo fácil y la falsa promesa de entregarte todo en bandeja de plata sin decirte la gravedad de sus consecuencias. Sin embargo, Dios te propone su voluntad prometiendo darte lo mejor, lo permanente, lo eterno y realmente genuino con una felicidad verdadera. Te toca a ti escoger lo que deseas para tu vida.

Es importante recordar lo que dice Proverbios 16:2 (NTV):

La gente puede considerarse pura según su propia opinión, pero el Señor examina sus intenciones.

También recordemos lo que dice 1 Corintios 3:18 (RVR 60):

Nadie se engañe a sí mismo; si alguno entre vosotros se cree sabio en este siglo, hágase ignorante, para que llegue a ser sabio.

• • •

Debemos alinear nuestro corazón con el corazón de Dios, quien conoce las verdaderas intenciones.

• • •

Estos dos versículos nos quieren decir que debemos alinear nuestro corazón con el corazón de Dios, quien conoce las verdaderas intenciones, tanto de nosotros como de los que nos rodean. Debemos tener la valentía de creerle a nuestro Padre Celestial y desechar lo que hoy tenemos como seguro y confiable, *"nuestra propia opinión"*, por alcanzar la opinión de Dios en nuestra alma.

Matrimonio vs. la unión libre

Cuando se habla de matrimonio, lo primero es tener la seguridad de que la persona con la que se desea contraer matrimonio es el Original que Dios tiene separado para que se viva el resto de la vida compartiendo con ella. Proverbios 5:18 dice: *"¡Bendita sea tu fuente! ¡Goza con la esposa de tu juventud!"* Este pasaje escritural nos deja saber que el propósito de Dios al bendecir a una pareja cuando se unen en matrimonio es que permanezca unida para toda su vida. Esta es la gran importancia de escoger correctamente. Por esta razón es que una persona debe poner todo su empeño en recibir la dirección del Todopoderoso para encontrar su Original. Proverbios 3:5-6 dice:

Confía en el Señor de todo corazón y no en tu propia inteligencia. Reconócelo en todos tus caminos, y él allanará tus sendas.

Se había mencionado anteriormente que el matrimonio fue instituido por Dios mismo. En Génesis 2:18 (RVR 60), encontramos estas palabras del Padre Celestial: *"No es bueno que el hombre esté solo; le haré ayuda idónea para él"*. Según el diccionario en línea de la Real Academia Española[10], *idónea* significa adecuada. Génesis 2:21-22 (RVR 60) nos dice que Dios:

> *Hizo caer sueño profundo sobre Adán, y mientras éste dormía, tomó una de sus costillas, y cerró la carne en su lugar. Y de la costilla...hizo una mujer, y la trajo al hombre.*

Dios hizo para Adán exactamente a la mujer que él necesitaba; la que le complementaba, la que le sumaba en todas las áreas de su vida y no le restaba en ninguna.

Tal vez tú digas, pero ¿cómo que no le restaba, si lo hizo pecar al inducirlo a comer del fruto del árbol prohibido? Esto es sencillo. Al momento de ser creados, ambos eran perfectos. A imagen y semejanza de Dios fueron creados (ver Génesis 1:27). Sin embargo, el mismo Dios dijo: *"No es bueno que el hombre esté solo. Voy a hacerle una ayudante adecuada"* (Génesis 2:18, VIN). El simple hecho de decir *"una ayuda adecuada"* significa que había áreas del hombre como ser humano, en las que necesitaba un complemento para lograr sus objetivos y metas.

Adán y Eva fueron hechos a imagen y semejanza de Dios, como se menciona en el párrafo anterior. No obstante, no estaban exentos de pecar, pues también fueron creados con un libre albedrío que fue lo que los llevó a aceptar el ofrecimiento de Satanás. 1 Timoteo 4:1 (VIN) dice:

---

10. Consulta en línea: https://www.rae.es/dpd/idónea.

> *Pero el Espíritu dice claramente que en los últimos tiempos algunos se apartarán de la fe, prestando atención a espíritus engañosos...*

El que engañará en los tiempos finales tratando de que nos apartemos de la fe es el mismo que estaba en el Edén tomando forma de serpiente para engañar a la primera pareja. Satanás estuvo al asecho desde el principio, lo está en la actualidad y seguirá estándolo en el futuro hasta la venida del Mesías.

Dios le dio la autorización a esta primera pareja para que tuvieran intimidad cuando en Génesis 1:28 (NBLA) dice: *"Los bendijo y les dijo: 'Sean fecundos y multiplíquense, llenen la tierra y sométanla'"*. Por lo tanto, el mismo Dios establece el orden de sucesos para una pareja. El mismo Adán da cátedra de cómo un hombre debe considerar a su esposa. Génesis 2:23 (RVR 60) dice: *"Esto es ahora hueso de mis huesos y carne de mi carne"*. Esto demuestra el profundo amor que nació en el primer hombre creado por Dios hacia su mujer, y que al contraer matrimonio se crea conciencia y responsabilidad hacia su pareja.

Génesis 2:24 (RVR 60) dice: *"Por tanto, dejará el hombre a su padre y a su madre..."* Una vez que hayas contraído matrimonio, debes dejar de ser el niño o la niña mimados que corre a la falda de papá y mamá cada vez que tiene un problema o tiene que resolver cualquier situación. Es sumamente importante tomar conciencia que, desde el momento de contraer nupcias en adelante, se deben tomar las decisiones en común acuerdo por el bien de la unión como pareja, y más adelante de la unión familiar cuando llegue la bendición de tener hijos. Si la situación lo ameritara, entonces soliciten sugerencia o consejo para llegar a un consenso al tomar una decisión importante.

Génesis 2:24 (Peshitta) dice: "*...y se unirá a su mujer, y los dos serán una carne*". Convertirse en una sola carne conlleva varias cosas. Lo primero es tener la seguridad de que la otra persona recibe dirección de Dios y se mueve dentro de su voluntad. Para esto tiene que ser una persona que busca la llenura del Espíritu Santo y le teme a Dios con todo su corazón. De esta manera en el ámbito espiritual, se podrá tener la confianza de que el Original estará ayudando a seguir caminando por el camino correcto hacia el propósito que Dios tiene tanto para su vida personal, espiritual, como con su vida como pareja.

Deberá también crearse una unión en lo emocional; que tu corazón ría cuando tu pareja ría y sea feliz, al igual que llore cuando tu pareja llore por tristeza o alguna frustración. Convertirse en una sola carne conlleva dejar el egoísmo para concentrarse en que tu pareja sea feliz. Cuando logres que tu pareja sea feliz, entonces cosecharás felicidad en reciprocidad.

Un buen ejemplo de lo antes expresado son Priscila y Aquila en Hechos 18 cuando llegó Apolo a Éfeso, hombre elocuente y muy versado en las Escrituras. A este lo habían instruido en el camino del Mesías; y como era ferviente de espíritu, hablaba y enseñaba con exactitud las cosas acerca de Jesús, el Mesías, aunque conocía solamente la inmersión de Juan el Bautista (ver Hechos 18:24-25). Esta última frase nos dice que, aunque Apolo era fiel creyente, aún le faltaba madurez en ciertos aspectos.

Cuando Priscila y Aquila lo escucharon predicar en la sinagoga, se dieron cuenta. Ellos se lo llevaron aparte y le expusieron con mayor exactitud el camino del Altísimo (ver Hechos 18:26). Esto demuestra que esta pareja caminaba junta en los caminos del Padre Celestial y asistían juntos a la misma sinagoga. La unión que existía entre Priscila y Aquila es evidente, pues se ponían de acuerdo para realizar lo que era necesario hacer. Tenían un ministerio como matrimonio y lo llevaban a cabo unidos para la gloria de Dios.

Las mismas Sagradas Escrituras exponen que la importancia de un matrimonio es crear un compromiso moral, sentimental, emocional y espiritual. Hay un dicho popular que dice: "En la unión está la fuerza" Eclesiastés 4: 9-12 (LBLA) dice:

Más valen dos que uno solo, pues tienen mejor remuneración por su trabajo. Porque si uno de ellos cae, el otro levantará a su compañero; pero ¡ay del que cae cuando no hay otro que lo levante! Además, si dos se acuestan juntos se mantienen calientes, pero uno solo ¿cómo se calentará?

Y si alguien puede prevalecer contra el que está solo, dos lo resistirán.

Este verso puede tener una interpretación literal. Sin embargo, también te instruye a que no puede haber fortaleza en una unión de pareja si hay división de pensamientos, de sentimientos y de compromiso moral.

Hay distintas porciones de la Biblia que arrojan luz de cómo establecer una relación fuerte y una base sólida en la unión matrimonial. En primer lugar, el temor a Dios es fundamental. Proverbios 1:7 (LBLA) dice: *"El temor del Señor es el principio de la sabiduría."*. Si se mantiene el temor al Eterno en el corazón, siempre se buscará la manera de llevar una sana convivencia, tomando las decisiones más sabias, lo cual será muy importante al momento de trabajar las diferencias de criterios que puedan surgir.

En segundo lugar, basado en Deuteronomio 24:5 (RVR 60), otra clave es dedicarse tiempo de calidad como pareja. Este verso escritural dice:

Cuando alguno fuere recién casado, no saldrá a la guerra, ni en ninguna cosa se le ocupará; libre estará en su casa por un año, para alegrar a la mujer que tomó.

Como paréntesis en el tema que se está desarrollando, he aquí una buena base también para esperar por lo menos un año antes de decidir concebir el primer hijo. En ese primer año de recién casados, se debe buscar la manera de disfrutar el uno del otro, de manera que se pueda crear una base sólida para que cuando lleguen los momentos difíciles se pueda buscar en el baúl de la memoria para fortalecer el amor hacia la pareja.

Son muchos los retos a los que se enfrenta una pareja hoy día. El afán y la vida acelerada que se lleva para poder cumplir con los compromisos económicos hacen que ambos tengan que trabajar fuera del hogar, en su gran mayoría. Otros tienen que envolverse en seguir escalando peldaños en sus estudios académicos y más. Lo importante es que se mantenga la unión en la pareja y que trabajen por metas comunes. Ambos deben estar de acuerdo en las metas fijadas y trabajar uniendo sus esfuerzos de manera que puedan cumplir sus sueños para que sean de bendición tanto individualmente como para la pareja.

> • • •
>
> Lo importante es que se mantenga la unión en la pareja y que trabajen por metas comunes.
>
> • • •

La última parte de Eclesiastés 4:12 (LBLA) dice: *"Y un cordel de tres hilos no se rompe fácilmente"*. Esto se refiere a que son tres hilos, dos hilos representan a la pareja y el tercer hilo representa a Dios. Si Dios es el centro de la relación, esta será una que permanecerá y será duradera a través del tiempo. Ejemplo de esto eran Priscila y Aquila en las manos del Todopoderoso. José y María, Abraham y Sara, Jacob y Raquel, más su relación con el Eterno, son representativos de esta unión de cordón de tres hilos.

Como dato importante a todo el que esté leyendo este libro, les dejamos saber que el libro de los Proverbios de Salomón en las Sagradas Escrituras fue escrito para aprender sabiduría y disciplina; para entender palabras de discernimiento. Ese libro fue escrito con el propósito de adquirir disciplina para el éxito, la rectitud, la justicia, y la equidad; para dotar de astucia al inexperto, y al joven, de conocimiento y previsión. El sabio, al leerlas, obtendrá más sabiduría, y el hombre o mujer de discernimiento aprenderá a ser más hábil (ver Proverbios 1:2-5). Este capítulo añadirá sabiduría al niño, al joven y al anciano. Es un manual de vida para todo creyente que desee madurar en todas las áreas de su vida. ¡Aprovéchalo; te ayudará en la realidad actual que estés viviendo y en tu futuro!

Todo lo antes expresado sobre el matrimonio es a la inversa con una unión libre. Para comenzar, no existe un verdadero compromiso moral, sentimental, emocional y espiritual ni con la pareja y mucho menos con Dios. Muchas parejas piensan: "Me voy a vivir con ella (o con él) y si no me va bien, me separo y cada uno por su lado". Entonces, ¿dónde está ese compromiso moral y sentimental con la otra persona? ¿Dónde está ese compromiso de cumplir con la palabra del Padre Celestial de tener una unión con esa otra persona que dure para toda la vida? ¡Definitivamente, no existe!

Generalmente, una persona que piensa de esta manera mantiene una mentalidad individualista y no una que piensa en el bien común como pareja. Por ejemplo, si tiene como meta el adquirir una propiedad, lo hace pensando en su propio bienestar y crecimiento económico sin pensar en darle participación a su pareja para gozar de ese beneficio. Si tiene como meta en comprar un vehículo, lo hace pensando en su propia comodidad, su propio deseo y no incluye a su pareja en la toma de decisiones. Su pensamiento es: "Si me separo, me lo llevo". "Si me separo, 'se va ella' o 'se va él' porque la propiedad es mía". ¡Qué tristeza! Una persona con este tipo de sentimientos y pensamientos egoístas está destinada a la soledad, aunque esté acompañado. ¡Muy fuerte!

Veamos lo que nos dice la Biblia en Hebreos 13:4 (RVR 60):

Honroso sea en todos el matrimonio, y el lecho sin mancilla; pero a los fornicarios y a los adúlteros los juzgará Dios.

De acuerdo con el diccionario en línea de la Real Academia Española[11], *fornicar* significa tener ayuntamiento o cópula sexual fuera del matrimonio. En otras palabras, es juntarse con otra persona para realizar el coito sin mediar un compromiso matrimonial entre ambos. Ahora veamos lo que nos dice Jesús en Apocalipsis 22:12-16 (NTV):

Miren, yo vengo pronto, y traigo la recompensa conmigo para pagarle a cada uno según lo que haya hecho. Yo soy el Alfa y la Omega, el Primero

---

11. Consulta en línea: https://dle.rae.es/fornicar.

y el Último, el Principio y el Fin. Benditos son los que lavan sus ropas. A ellos se les permitirá entrar por las puertas de la ciudad y comer del fruto del árbol de la vida. Fuera de la ciudad están los perros: los que practican la brujería, los que cometen inmoralidades sexuales, los asesinos, los que rinden culto a ídolos, y todos los que se deleitan en vivir una mentira. «Yo, Jesús, he enviado a mi ángel con el fin de darte este mensaje para las iglesias. Yo soy tanto la fuente de David como el heredero de su trono. Yo soy la estrella brillante de la mañana».

De acuerdo con los versos mencionados en el párrafo anterior, es honroso el matrimonio para una pareja. Sin embargo, vivir en fornicación, una unión libre, es considerado un pecado. Efesios 5:5-7 (RVR 60) dice:

Porque sabéis esto, que ningún fornicario, o inmundo, o avaro, que es idólatra, tiene herencia en el reino de Cristo y de Dios. Nadie os engañe con palabras vanas, porque por estas cosas viene la ira de Dios sobre los hijos de desobediencia. No seáis, pues, partícipes con ellos.

En otras palabras, no dejes que una persona con mentalidad de fornicario o fornicaria te endulce el oído con palabras bonitas que finalmente te serán de destrucción y maldición para tu vida. La persona que viene a ti con esta filosofía realmente no siente amor por ti. Solo desea aprovecharse de ti y cuando se canse, con la excusa que sea, te despedirá sin contemplación ninguna. No caigas en esas garras porque son lobos o lobas vestidos de oveja que vienen de parte del adversario para engañar, para hacer daño en muchas áreas de tu vida, incluso destruir tu autoestima.

Los que prefieren llevar una relación de unión libre, de fornicación, no podrán entrar al reino cuando venga el Mesías en las nubes a levantar a sus escogidos. Apocalipsis 21:8 (LBLA) dice:

Pero los cobardes, incrédulos, abominables, asesinos, inmorales, hechiceros, idólatras y todos los mentirosos tendrán su herencia en el lago que arde con fuego y azufre, que es la muerte segunda.

Por otro lado, Efesios 5:8 (RVR 60) dice: "*Porque en otro tiempo erais tinieblas, mas ahora sois luz en el Señor; pues andad como hijos de luz*". Como hijos del Altísimo nos convertimos en luz en medio de las tinieblas; pues no se puede ser luz y tinieblas a la misma vez (ver 2 Corintios 6:14). El rostro de nuestro amado Mesías tiene que reflejarse en tu rostro y Él era y sigue siendo perfecto. Entonces, no se puede ser luz si se anda en el pecado de la fornicación.

En Juan 4:13-18 (LBLA) se encuentra la historia de la mujer samaritana. Jesús iba de camino hacia Galilea y tenía que pasar por Samaria donde se detuvo en una ciudad llamada Sicar y se sentó junto al pozo de Jacob.

Llega la mujer samaritana a sacar agua del pozo y Jesús le pide de beber. Mientras tenían la conversación, Jesús le dice:

El que beba de esta agua volverá a tener sed, pero el que beba del agua que yo le daré, no tendrá sed jamás, sino que el agua que yo le daré se convertirá en él en una fuente de agua que brota para vida eterna. La mujer le dijo: Señor, dame esa agua, para que no tenga sed ni venga hasta aquí a sacarla. Él le dijo: Ve, llama a tu marido y ven acá. Respondió la mujer y le dijo: No tengo marido. Jesús le dijo: Bien has dicho: «No tengo marido», porque cinco maridos has tenido, y el que ahora tienes no es tu marido; en eso has dicho la verdad.

En esta historia claramente se ve que Jesús sabía que aquella mujer estaba viviendo en una fornicación con la pareja con la que vivía en el momento. Ella quería del agua que Jesús le ofrecía. Sin embargo, el Mesías le deja saber que era consciente de que había estado en pecado cinco veces con parejas anteriores y con la sexta pareja con la que vivía seguía en la misma condición porque no mediaba un compromiso de matrimonio. Hasta ese momento había vivido una unión libre con las seis parejas. Entonces, ¿por qué el Mesías trajo a relucir las parejas anteriores y la actual? Porque era necesario que aquella mujer samaritana entendiera que, si no enderezaba lo que había torcido en su vida, no podía ser partícipe del agua que estaba ofreciendo el Mesías, el agua que salta para vida eterna, que era el mismo Jesús.

No olvides que tu cuerpo es templo del Espíritu Santo de Dios (1 Corintios 6:19), y que la voluntad de Dios es que el Espíritu Santo vive en ti. No eres dueño de tu propio cuerpo. Si le sirves a Dios debes reflejar en tu vida los frutos del Espíritu Santo que incluye el dominio propio (Gálatas 5:22-23). Fuiste creado con un libre albedrío y en ti está el poder para abrir las puertas al pecado o cerrarlas conforme a tu fidelidad al Todopoderoso. Es necesario mantener la comunicación con nuestro Padre Celestial con el ayuno y con la oración para que cuando llegue la tentación, Él te dé también una salida a fin de que puedas resistir (1 Corintios 10:13).

Mucha gente le tiene miedo al matrimonio porque conlleva un compromiso ante Dios, ante la pareja con quien te vas a casar y ante la sociedad. *El matrimonio trae consigo un sentido de pertenencia entre la pareja; no como objetos, sino moral y sentimentalmente.* Por esto claramente Jesús le dice a la mujer samaritana: *"y el que ahora tienes no es tu marido"* (no te pertenece). ¿Por qué tenerle miedo al matrimonio? El amor que profesa una persona por otra antes de

> El amor que profesa una persona por otra antes de contraer matrimonio debe ser el mismo amor que profese al ir al altar.

contraer matrimonio debe ser el mismo amor que profese al ir al altar.

Por lo tanto, si tu pareja te dice que convivir en una unión libre es la mejor opción porque no hay compromisos legales de por medio, el tal no tiene amor verdadero para ti. Su corazón está muy lejos de una vida de fidelidad, compromiso moral y sentimental contigo.

He aquí un verdadero reto; la real prueba de amor de una persona no es fornicar, tener relaciones sexuales, antes de contraer matrimonio o convivir en una unión libre. Por el contrario, la verdadera prueba de amor es esperar, tener dominio propio ante la tentación, hasta que llegue el momento correcto dentro del marco de lo que es hacer la voluntad de Dios. *"Más vale ser paciente que valiente; más vale el dominio propio que conquistar ciudades."* (Proverbios 16:32). Si quieres beber del agua que salta para vida eterna, que es Jesús El Mesías, tienes que esperar el tiempo correcto, huir al pecado y hacer las cosas en el orden correcto.

Profecía vs. adivinación

¿Qué es la profecía? Si analicemos las Escrituras, salta a la vista una definición. Profecía es un mensaje o revelación de parte de Dios a través dado a hombres inspirados por el Espíritu Santo para avisar lo que ha de acontecer en el futuro, antes de que suceda. En Amós 3:7 (LBLA) nos dice: *"Ciertamente el Señor DIOS no hace nada sin revelar su secreto a sus siervos los profetas.".* Y también en 2 Pedro 1:20-21 (RVR 60) nos confirma:

> *Entendiendo primero esto, que ninguna profecía de la Escritura es de interpretación privada, porque nunca la profecía fue traída por voluntad humana, sino que los santos hombres de Dios hablaron siendo inspirados por el Espíritu Santo.*

El propósito de Dios al utilizar a los profetas es con motivo de proveer dirección, de amonestar para dar oportunidad de arrepentimiento o para dar un tiempo u oportunidad de preparación antes de que acontezcan los sucesos profetizados, ya sean favorables o no favorables. Esto se prueba en Jeremías 1: 9-10 (LBLA) donde el profeta dice:

> *Entonces extendió el Señor su mano y tocó mi boca. Y el Señor me dijo: He aquí, he puesto mis palabras en tu boca. Mira, hoy te he dado autoridad sobre las naciones y sobre los reinos, para arrancar y para derribar, para destruir y para derrocar, para edificar y para plantar.*

El don de la profecía viene por la manifestación del Espíritu Santo en la persona, el profeta. El profeta Ezequiel relata su experiencia en el capítulo 2:2 (Peshitta) que dice: *"Y el Espíritu entró en mí cuando habló conmigo e hizo que me pusiera de pie; y oí al que habló conmigo"*. Por otro lado, 1 Corintios 12:4-11 y Hechos 19:5-6 también lo explica muy bien. 1 Corintios 12:10-11 (Peshitta) dice:

A otro, el hacer milagros; a otro, profecía, a otro, discernimiento de espíritus; a otro, géneros de lenguas, y a otro, interpretación de lenguas. Pero todas estas cosas las hace el mismo Espíritu, repartiendo a cada uno como a Él le place.

Hechos 19:5-6 (RVR 60) dice:

Cuando oyeron esto, fueron bautizados en el nombre del Señor Jesús. Y habiéndoles impuesto Pablo las manos, vino sobre ellos el Espíritu Santo; y hablaban en lenguas, y profetizaban.

Dios tiene el control de todo. Él conoce lo que viviste en el pasado, te consoló y te mantuvo de pie. Él conoce lo que estás viviendo en la actualidad y te sostiene en el tiempo difícil. Él te dirige si le pides dirección; así mismo conoce lo que vivirás en el futuro y de igual manera te seguirá dirigiendo si se lo permites. Debes hacerlo para que tus pasos sean los correctos y que tu futuro sea de bendición y prosperidad. Cuando se le da oportunidad a Dios para que dirija nuestra vida, Él utiliza a sus siervos los profetas o te da revelaciones para apercibirte de lo que ha de acontecer. De esta manera podrás estar prevenido, sabrás qué hacer y qué no hacer.

Es importante señalar que mientras se busca dirección del Eterno en el caminar hacia ese futuro hay que tener mucho cuidado. Hay que pedirle discernimiento al Todopoderoso para que cuando se reciba una profecía se pueda identificar si realmente viene por inspiración del Espíritu Santo o si viene por emoción de la persona que la trae. Tal vez te estés preguntando, pero ¿cómo es esto posible? Por supuesto que es posible. Hay personas que se emocionan y le empiezan a hablar a otra como si fuera por inspiración divina cuando realmente no lo es. Hay personas que te dan un consejo o te dan su opinión sobre un asunto y lo hacen de manera que se puede confundir como si fueran palabras de parte de Dios; sin embargo, realmente son palabras humanas y de sus propias emociones.

Un excelente ejemplo en las Sagradas Escrituras se encuentra en 1 Samuel 16 cuando Dios envía al profeta Samuel a ungir el nuevo rey de entre los hijos de Isaí. Cuando el profeta vio a Eliab pensó: *«Sin duda que este es el ungido del Señor»* (vs.6). Sin embargo, la contestación del Todopoderoso fue:

—No te dejes impresionar por su apariencia ni por su estatura, pues yo lo he rechazado. La gente se fija en las apariencias, pero yo me fijo en el corazón.

De primera intención el profeta Samuel se dejó llevar por su vista humana. Las características de Eliab lo impresionaron y pensó que eso era lo que el

Todopoderoso buscaba en un nuevo rey. Hasta el mismo Isaí estaba equivocado con lo que él entendía que Dios buscaba en un nuevo rey; pues esto salta a la vista cuando el profeta Samuel termina con los siete hijos que Isaí había traído y le pregunta, *"¿Son estos todos tus hijos?"* (vs.11) Entonces Isaí le responde: *"—Queda el más pequeño —respondió Isaí—, pero está cuidando el rebaño. —Manda a buscarlo —insistió Samuel—, que no podemos continuar hasta que él llegue"* (vs. 10-11).

En 1 Samuel 16:12 nos provee una descripción de David. *"Era buen mozo, trigueño y de buena presencia. El Señor le dijo a Samuel: —Este es; levántate y úngelo."* Al Isaí dejar a David cuidando de las ovejas y no presentárselo al profeta Samuel junto con los demás hijos da a entender que David era todo lo contrario a sus hermanos. Por lo tanto, se puede decir que además de las características ofrecidas en el verso 12, también era más pequeño en estatura que sus hermanos y menos corpulento. A los grandes y musculosos no escogió Dios, sino al más pequeño y considerado más débil fue el que escogió. Fue escogido porque David era conforme al corazón de Dios y estaba dispuesto a hacer la voluntad del Eterno (Hechos 13:22).

Dios corrigió al profeta Samuel en el momento que puso su mirada carnal en Eliab. Esto dice mucho de la comunicación que tenía el profeta con Dios. Ahora imagínate que el profeta fuera una persona desesperada y hubiese ungido a Eliab como rey por lo que sus ojos carnales estaban viendo en su exterior. Posiblemente hubiese pasado igual que la historia de Esaú y Jacob, que una vez que la bendición fue pronunciada para Jacob, no se podía revocar, perdiendo Esaú su bendición como primogénito (ver Génesis 27). ¡Qué desastre hubiese sido esto para el pueblo de Israel! Sin embargo, con la corrección que recibió el profeta, en otras palabras, era como si Dios le dijera: "¡Alto ahí! ¡Detente! ¡No digas una palabra más!" Este tipo de conexión es la que debe haber entre el profeta que te traiga una profecía y nuestro Dios Altísimo. Por eso es tan importante pedir discernimiento a Dios. Cuando Dios usa a un profeta para llevar un mensaje, verás y percibirás seguridad en la manera de hablar y de manifestarse. Analiza la profecía para que no te engañe.

De ninguna manera se está tratando de instar a que se blasfeme contra el Espíritu Santo. Por el contrario, la exhortación es que no te dejes engañar y que pidas el don de discernimiento o busques ayuda de alguien que lo tenga. En 1 Tesalonicenses 5:19-21 (RV60) nos dice: *"No apaguéis al Espíritu. No menospreciéis las profecías. Examinadlo todo; retened lo bueno"*.

Hay ocasiones en que Dios le repite varias veces a una persona los propósitos que tiene para con su vida y la persona insiste en hacer todo lo contrario a lo que Él le ordena que haga. En Génesis 6:3 (LBLA) vemos al Creador decir: *"No contenderá mi Espíritu para siempre con el hombre, porque ciertamente él es carne"*. ¡Mucho cuidado con ir en contra de la voluntad de Dios! Puedes perderte la bendición que Dios te quiere dar.

Una de las maneras en que puedes confirmar si lo que has recibido proviene de parte de Dios o no, es orando y poniendo señales para que Dios te confirme la palabra que has recibido. Isaías 7:14 (RVR 60) dice: *"Por tanto, el Señor mismo os dará señal…"* En la historia de Gedeón, en Jueces 6, este hombre tenía una opinión pobre de sí mismo y dudó de sus capacidades. Dios le ordenó pelear contra los madianitas y le prometió que los derrotaría. Jueces 6:17 (RVR 60) dice:

Y él respondió: Yo te ruego que si he hallado gracia delante de ti, me des señal de que tú has hablado conmigo.

En los versos 36-40 se ve la relación de Gedeón con Dios por medio de señales cumplidas. Estos versos dicen lo siguiente:

Y Gedeón dijo a Dios: Si has de salvar a Israel por mi mano, como has dicho, he aquí que yo pondré un vellón de lana en la era; y si el rocío estuviere en el vellón solamente, quedando seca toda la otra tierra, entonces entenderé que salvarás a Israel por mi mano, como lo has dicho. Y aconteció así, pues cuando se levantó de mañana, exprimió el vellón y sacó de él el rocío, un tazón lleno de agua. Mas Gedeón dijo a Dios: No se encienda tu ira contra mí, si aún hablare esta vez; solamente probaré ahora otra vez con el vellón. Te ruego que solamente el vellón quede seco, y el rocío sobre la tierra. Y aquella noche lo hizo Dios así; sólo el vellón quedó seco, y en toda la tierra hubo rocío.

En 1 Reyes 13:3-5 se detalla otro caso de un profeta de Dios, del cual no se da a conocer su nombre, que viajó desde Judá hasta Betel con palabra de Dios para el rey Jeroboam y también hubo señal cumplida. El relato dice de la siguiente manera:

Aquel mismo día el hombre de Dios ofreció una señal: «Esta es la señal que el SEÑOR les da: ¡El altar será derribado, y las cenizas se esparcirán!» Al oír la sentencia que el hombre de Dios pronunciaba contra el altar de Betel, el rey extendió el brazo desde el altar y dijo: «¡Agárrenlo!» Pero el brazo que había extendido contra el hombre se le paralizó, de modo que no podía contraerlo. En ese momento el altar se vino abajo y las cenizas se esparcieron, según la señal que, en obediencia a la palabra del SEÑOR, les había dado el hombre de Dios.

Otra manera en la que puedes pedirle a Dios que te hable es a través de los sueños. Él puede revelarte a ti mismo lo que desea que hagas o lo que ha de suceder. Ejemplo de esto es Génesis 20:3 (Peshitta) que dice:

Pero Dios vino a Abimelec de noche, en un sueño y le dijo: Por causa de la mujer que has tomado, he aquí que eres hombre muerto, porque ella es esposa de ese hombre.

Mateo 1:20-22 (RVR 60) dice:

Y pensando él en esto, he aquí un ángel del Señor le apareció en sueños y le dijo: José, hijo de David, no temas recibir a María tu mujer, porque lo que en ella es engendrado, del Espíritu Santo es. Y dará a luz un hijo, y llamarás su nombre JESÚS, porque él salvará a su pueblo de sus pecados. Todo esto aconteció para que se cumpliese lo dicho por el Señor por medio del profeta...

Los sueños, si no son explícitos como el de Abimelec y el de José, generalmente traen un significado que debe ser interpretado por alguien que tenga el don de interpretación de sueños. Esto significa que, aunque hayas tenido el sueño, no necesariamente recibes el significado. Por eso debes acudir a alguien que te pueda ayudar. Este fue el caso del sueño del Faraón que se registra en Génesis 41. El sueño consistía en siete vacas gordas, hermosas a la vista, que se encontraban en el prado. Detrás de estas subían otras siete vacas de feo aspecto y enjutas de carne. Las vacas flacas de feo aspecto devoraron a las siete vacas gordas. Luego soñó con siete espigas gruesas y hermosas, y después salían otras siete espigas menudas y abatidas del viento solano. Las siete espigas menudas devoraron a las siete espigas gruesas.

El Faraón no entendió lo que significaban ninguno de los dos sueños. Sin embargo, el jefe de los coperos recordó que un joven hebreo, llamado José, les había interpretado a él y a otra persona más unos sueños que habían tenido mientras estaban en prisión, y se habían cumplido tal y como los había interpretado. El Faraón envió a buscar a José de inmediato para que le interpretara los dos sueños que había tenido. Ambos sueños tenían el mismo significado, y se cumplieron tal y como José los interpretó. El Faraón recibió las revelaciones de parte del Todopoderoso; sin embargo, necesitó ayuda de José, quien tenía el don de interpretar sueños para que le declarara el significado de estos.

Jueces 7:13-15 es un buen ejemplo de lo antes expresado. El relato dice:

Gedeón llegó precisamente en el momento en que un hombre le contaba su sueño a un amigo. —Tuve un sueño —decía—, en el que un pan de cebada llegaba rodando al campamento madianita, y con tal fuerza golpeaba una carpa que esta se volteaba y se venía abajo. Su amigo le respondió: —Esto no significa otra cosa que la espada del israelita Gedeón hijo de Joás. ¡Dios ha entregado en sus manos a los madianitas y a todo el campamento! Cuando Gedeón oyó el relato del sueño y su interpretación, se postró en adoración. Luego volvió al campamento de Israel y ordenó: «¡Levántense! El Señor ha entregado en manos de ustedes el campamento madianita».

Aparentemente a Gedeón no le bastó con las señales del vellón de lana que había puesto pidiéndole confirmación al Todopoderoso de que le daría la victoria en la batalla contra Madián. Tal vez aún tenía un poco de temor o lo invadió la inseguridad cuando Dios le redujo el ejército a 300 hombres para enfrentarse a los madianitas (ver Jueces 7:7). Lo que había dentro de la mente y el corazón de Gedeón no era un secreto para el Eterno porque Él conoce nuestros pensamientos y nuestros sentimientos. A raíz de esto Dios hizo que este hombre tuviera este sueño a través del cual, en conjunto con su respectiva interpretación, Gedeón recibió una nueva confirmación de que obtendría la victoria frente a los madianitas.

En Daniel 2 se cuenta la historia donde el rey Nabucodonosor tuvo un sueño perturbador que le provocó insomnio. El rey hizo llamar a magos, astrólogos, encantadores y caldeos para que le explicasen sus sueños y hasta les ofreció dinero, favores y gran honra al que le interpretara los sueños. Como no pudieron interpretarlos, ordenó a que matasen a todos los sabios de Babilonia.

El poder de Dios es tan grande que no solo le reveló los sueños del rey a Daniel, sino que también le dio la interpretación. Daniel, cuyo nombre era Belsasar, se presentó ante el rey y le declaró los sueños y sus interpretaciones, evitando la muerte de los sabios de Babilonia.

Otro ejemplo se encuentra en Daniel 4 cuando el mismo rey Nabucodonosor tuvo una revelación donde se le mostraba el futuro de su reinado y las vicisitudes que pasaría por haberse engrandecido y olvidar que Dios tenía dominio en el reino de los hombres, y que lo daba a quien Él quería. El rey no entendía la revelación y volvió a buscar ayuda para la interpretación. Daniel también le dio interpretación al rey de lo que significaba su revelación y tal como el profeta lo interpretó, así mismo se cumplió, porque el rey no consideró el consejo del profeta para redimir sus pecados.

Lamentablemente hay creyentes que, en vez de acudir a recibir la dirección del Todopoderoso, la curiosidad los lleva a probar fuentes del ocultismo para saber lo que les depara el futuro. Una de las fuentes más consultadas son los adivinos. El diccionario en línea de la Real Academia Española[12] ofrece la siguiente definición para *adivinar*: "Predecir lo futuro o descubrir lo oculto, por medio de agüeros o sortilegios. Descubrir por conjeturas algo oculto o ignorado. Acertar lo que quiere decir un enigma, o algo por azar".

Cuidado con la oniromancia. El diccionario en línea de la Real Academia Española[13] ofrece la siguiente definición: "Adivinar por medio de sueños". Dios le dio el don de interpretar sueños a José y a Daniel como casos especiales y particulares para mostrar su poder. Satanás pretende valerse de esto para engañarnos. Una cosa es que te traten de adivinar el futuro por un sueño que

---

12. Consulta en línea: https://dle.rae.es/adivinar.
13. Consulta en línea: https://dle.rae.es/oniromancia.

tuviste, y otra muy distinta es que le cuentes el sueño a un servidor del Todopoderoso que haya recibido de parte de Dios el don de interpretar sueños y te declare el mensaje que Dios te está dando a través del sueño.

Las Sagradas Escrituras condenan categóricamente todas las prácticas del ocultismo. Nos dice que esto es abominación delante del Altísimo. Deuteronomio 18:9-14 (LBLA) dice:

> *Cuando entres en la tierra que el SEÑOR tu Dios te da, no aprenderás a hacer las cosas abominables de esas naciones. No sea hallado en ti nadie que haga pasar a su hijo o a su hija por el fuego, ni quien practique adivinación, ni hechicería, o sea agorero, o hechicero, o encantador, o médium, o espiritista, ni quien consulte a los muertos. Porque cualquiera que hace estas cosas es abominable al SEÑOR; y por causa de estas abominaciones el SEÑOR tu Dios expulsará a esas naciones de delante de ti. Serás intachable delante del SEÑOR tu Dios.*

No solamente el Antiguo Testamento condena el ocultismo, sino también el Nuevo Testamento. En Éfeso, muchos de los que practicaban el ocultismo se hicieron creyentes en Jesús como el enviado Mesías y renunciaron a sus prácticas ocultistas. Deuteronomio 18:9-14 nos muestra de una manera muy clara cómo Dios da un mandamiento a todo el pueblo de Israel de no practicar el ocultismo, como la adivinación o la hechicería, y otras prácticas. Dice claramente que es de abominación a nuestro Creador.

Hechos 16:16-18 (RVR 60) habla de un caso de adivinación y dice:

Aconteció que mientras íbamos a la oración, nos salió al encuentro una muchacha que tenía espíritu de adivinación, la cual daba gran ganancia a sus amos, adivinando. Esta, siguiendo a Pablo y a nosotros, daba voces, diciendo: Estos hombres son siervos del Dios Altísimo, quienes os anuncian el camino de salvación. Y esto lo hacía por muchos días; mas desagradando a Pablo, éste se volvió y dijo al espíritu: Te mando en el nombre de Jesucristo, que salgas de ella. Y salió en aquella misma hora.

Los poderes de aquella muchacha no provenían del Dios Altísimo, sino de un demonio, un espíritu malvado. Por eso Pablo y sus acompañantes se negaron a escucharla. Entonces, ¿por qué acudir a prácticas que fueron condenadas escrituralmente y rechazadas por aquellos hombres santos de las Sagradas Escrituras? Si se analiza el comportamiento de esta muchacha, aparentaba como si fuera un profeta; sin embargo, era una adivina. Hay personas que confunden los espíritus y con esto hay que ser muy cautelosos, no vaya a ser que se le preste oído a un espíritu maligno y seamos engañados.

Hay otra fuente que parece inofensiva. Sin embargo, sigue siendo igual de abominable ante los ojos de

Dios: el horóscopo. El diccionario en línea de la Real Academia Española ofrece la siguiente definición para horóscopo: la predicción del futuro basada en la posición relativa de los astros y de los signos del Zodiaco en un momento dado. [14]

Existe otra fuente que se ha puesto muy de moda y se anuncia por todas partes para llamar la atención de la ciudadanía y son las Cartas del Tarot (cartomancia). En el año 1785, el ocultista francés Jean-Baptiste Alliette se convirtió en el primer adivino profesional del tarot. Él popularizó el uso del tarot como herramienta de adivinación para una amplia audiencia, y fue el primero en desarrollar y publicar una serie de correspondencias, uniendo las cartas con la astrología y los cuatro elementos clásicos (tierra, fuego, agua, aire). El tarot es una baraja de naipes que, además de servir para jugar, se usa a menudo como medio de adivinación del pasado, de la situación presente del consultante y algunas veces del futuro, por lo que constituiría un tipo de cartomancia. [15]

Por último, existe la quiromancia. El diccionario en línea de la Real Academia Española[16] ofrece la siguiente definición: "Adivinación de lo concerniente a una persona por las rayas de las manos". La quiromancia es parecida a la cartomancia, pues el objetivo es adivinar el futuro, pero de diferente forma. La Escritura dice:

---

14. Consulta en línea: https://dle.rae.es/horóscopo.
15. Consulta en línea: www.trustedtarot.com/es/cartas/
16. Consulta en línea: https://dle.rae.es/quiromancia.

Y no es maravilla, porque el mismo Satanás se disfraza como ángel de luz. Así que, no es extraño si también sus ministros se disfrazan como ministros de justicia; cuyo fin será conforme a sus obras (2 Corintios 11: 14-15, RVR 60).

1 Juan 4:1 (RVR 60) dice: *"Amados, no creáis a todo espíritu, sino probad los espíritus si son de Dios"*. Los astrólogos, videntes, médiums y hechiceros afirman cosas que en ocasiones son ciertas. Esto sucedió con el caso de la joven endemoniada de Filipos. Sin embargo, aunque decía una verdad, ellos no quisieron tener nada que ver con ella. Por el contrario, Pablo le ordenó al espíritu malvado que saliera de ella.

Según las Sagradas Escrituras, hay un conflicto sobrenatural constante entre el reino de Dios y el reino de Satanás. Esto se comprueba con Efesios 6:12 (RVR 60) que dice:

Porque no tenemos lucha contra sangre y carne, sino contra principados, contra potestades, contra los gobernadores de las tinieblas de este siglo, contra huestes espirituales de maldad en las regiones celestes.

El propósito de los espíritus malignos que provienen de Satanás es mantener a los seres humanos apartados de la verdadera adoración, de la verdadera conexión espiritual con nuestro Dios

Todopoderoso. Satanás, convertido en serpiente, logró engañar a Eva y hoy día sigue difundiendo astutas mentiras valiéndose de medios que parecen que provienen de la fuente divina, que es nuestro Creador.

Te dejamos varios pasajes bíblicos que claramente hacen advertencias a todos los que se dejan envolver por todas estas fuentes provenientes de Satanás y desvían sus pies del camino correcto que es la dirección de nuestro Padre Celestial.

No podéis beber la copa del Señor, y la copa de los demonios; no podéis participar de la mesa del Señor, y de la mesa de los demonios. (1 Corintios 10: 21, RVR 60)

En los postreros tiempos algunos apostatarán de la fe, escuchando a espíritus engañadores y a doctrinas de demonios. (1 Timoteo 4:1, RVR 60)

El mismo Satanás se disfraza como ángel de luz. (2 Corintios 11: 14, RVR 60)

El hombre o la mujer que evocare espíritus de muertos o se entregare a la adivinación, ha de morir". (Levíticos 20:27, RVR 60)

Podemos tomar como ejemplo el caso del rey Saúl. Mientras reinaba hizo salir de la ciudad a todos los espiritistas y a los adivinos (ver 1 Samuel 28:3). Luego de ser desechado por el Todopoderoso se desesperó porque lo consultaba y no recibía contestación ni por sueños ni por profetas (ver 1 Samuel 28:15). Ante esta desesperación e incertidumbre, solicita que le consigan a una mujer que consulta espíritus. Le recomendaron a una mujer de Endor. Saúl se disfraza y se presenta ante esta mujer para que le traiga al espíritu de Samuel para consultarlo. Esta mujer se alarmó porque sabía que la consecuencia era muerte para ella. Sin embargo, Saúl le juró por Dios que no sufriría daño alguno (ver 1 Samuel 28:7-11). La consulta de Saúl al espíritu traído por aquella adivina no resultó favorable para él (ver 1 Samuel 28: 15-19). El desenlace de Saúl fue el suicidio (ver 1 Samuel 31:4), lo cual sabemos que era un segundo motivo para perder su salvación además de haber sido desechado por Dios.

El envolverse en este tipo de prácticas, aunque sea por curiosidad, abre la puerta de tu vida a Satanás y sus demonios, que muy bien pueden trastornar toda la bendición que Dios quiere darte en el futuro en una maldición que destruya tu vida. No porque tengan el poder para hacerlo, sino porque el mismo Padre Celestial te puede entregar a ellos al desecharte, como fue el caso del rey Saúl. En Santiago 4:7 dice: *"Así que sométanse a Dios. Resistan al diablo, y él huirá de ustedes"*. Los demonios son los colaboradores de Satanás; por lo tanto, se constituyen en enemigos de Dios.

No debemos ni siquiera mostrar curiosidad por averiguar el futuro utilizando cualquiera de las fuentes satánicas que fueron anteriormente mencionadas, los cuales son caminos oscuros. Por el contrario, debemos seguir los mandatos de nuestro Padre Celestial. Lo que Él le dijo al pueblo de Israel en el antiguo pacto en Deuteronomio 18:10-12, no ha cambiado hoy.

El que practique estas cosas abominables a los ojos de nuestro Dios Todopoderoso no heredará su reino. Entonces, ¿qué prefieres tú? ¿Prefieres buscar la dirección directa del Creador del cielo, de la tierra y de tu propia vida, o te dejarías llevar por tu curiosidad y perder la bendición que Dios tiene para ti y tu heredad en su reino? Seguramente no desearías verte en la misma posición del rey Saúl, desechado por Dios. ¡Piénsalo muy bien!

Música que honra a Dios vs. música que le agrada al enemigo

La música fue creada por Dios. En el libro de Apocalipsis 5:8 y 14:2-3 podemos ver que se habla de cánticos y arpas tocadas en el cielo. Algunas versiones de las Escrituras describen en Ezequiel 28:13 la creación y caída de Lucifer el "querubín protector" (v. 16). Se menciona que había instrumentos preparados para el en el día de su creación. Se piensa que la música fue corrompida a través de un hombre llamado Jubal, el cual fue padre de todos los que tocaban arpa y flauta, según Génesis 4:21.

La manera en que Jubal tocaba los instrumentos era descrita por la palabra en hebreo "tafás" [17] la cual significa: manipular, capturar y apresar. Esto nos lleva a recordar lo que el Tentador hace en la actualidad. A través de la música, Satanás trata de sumergir a los oyentes en la depravación sexual, las drogas, la violencia, desenfreno, el suicidio, entre muchas cosas más.

La música en su origen fue hecha para alabar a Dios y de esa manera conectarnos con él. Sin embargo, el enemigo utiliza la música como medio para conectarte con los placeres de la carne. Su astucia es alimentar tu carne, recordarte cosas

• • •

La música en su origen fue hecha para alabar a Dios y de esa manera conectarnos con él.

• • •

del pasado y hacer que vuelvas al lugar de donde ya Dios te sacó. Entonces, ¿cómo podrías saber qué música escuchar y qué no? Como en todo tipo de temas controversiales, existen diversas opiniones sobre la contestación a esta pregunta. Mucha gente opina que la contestación está en los tipos de géneros. Sin embargo, así como Dios nos creó diferentes, de igual forma es la música para cada persona. Lo que te edifica a ti, no es lo mismo que edificará necesariamente a otra persona. Otros piensan que solo debemos escuchar música sacra y descartar totalmente la música secular. Sin embargo, esto no es tan simple, pues sabemos que no vamos a

---

17. Strong, J. 2002. Nueva Concordancia Strong Exhaustiva, Diccionario Strong de Palabras Originales del Antiguo y Nuevo Testamento. Editorial Caribe, Inc. Pg. 481

enamorar a nuestra futura pareja dedicándole coritos como "las cuerdas me cayeron en lugares deleitosos y es hermosa la heredad que me ha tocado". También encuentras personas que creen que lo importante de la canción es quien lo canta, y que el corazón, tanto del autor como del intérprete, deban estar alineados a Dios para que la música te pueda edificar. Esto es importante, pero el único que sabe lo que realmente hay tanto en el corazón del autor, como del intérprete es Dios.

Hubo un joven cristiano, hijo de pastor, que por un tiempo estuvo fuera de la iglesia, pasándose con malas amistades y escuchando música que no edificaba. Su familia oraba mucho por él para que regresara a los caminos de Dios. Una noche recibe la noticia de que uno de sus amigos había muerto, y cuando se acerca al lugar donde se encontraba el cuerpo, se encontró con el padre del amigo que acababa de fallecer. Este padre no era conocido por ser religioso, no iba a la iglesia, y sus actos tampoco reflejaban la luz de Dios. Sin embargo, esa noche comenzó a decirle al joven cristiano con voz de autoridad: "Yo le decía a mi hijo que su único amigo verdadero eras tú. Este no es tu lugar, saca tus pies de aquí y no vuelvas". Este mensaje cambió la vida del joven cristiano, tanto así que regresó a la iglesia con más temor a Dios que nunca. A esto es que se refiere la Palabra de Dios cuando nos dice en Lucas 19:40 que hasta las piedras gritarán, por lo que entendemos que Dios usa a quien quiere y cuando quiere. También hemos sido testigos de personas que, en momentos, como todo cristiano, tienen sus altas y bajas espiritualmente, y que durante sus tiempos de debilidad han sido utilizadas por Dios para salvar una vida y llevar el mensaje de salvación.

Podemos entender que el tópico de qué tipo de música debemos o no debemos escuchar es complejo. Sabemos que lo que escuchamos y a qué prestamos nuestro oído tiene un impacto en nuestros pensamientos y en nuestros actos. Al discutir todos los diferentes puntos de vista, podemos concluir que debemos escuchar música cuya letra esté alineada a la Palabra de Dios, que te mantenga caminando bajo su voluntad divina y que no te desvíe a los malos caminos, ni a andar bajo el descontrol de la carne.

Aunque no se entrará de lleno a profundizar en este tema, es necesario mencionar que hay que tener mucho cuidado con la música que contenga un mensaje subliminal, que pueda ser identificado por expertos que se dedican a ello y lo puedan detectar. *Subliminal*[18] significa que está por debajo del umbral de la consciencia; o sea, es un estímulo que por su brevedad no es percibido conscientemente, pero que puede influir en la conducta. Debemos escuchar música que influya a hacer todo lo puro, todo lo verdadero y lo que es de Dios (ver Filipenses 4:8). Tan pronto escuches alguna canción que promueva el pecado, como el suicidio, la fornicación, adulterio, los deleites de la carne, y te provoque tomar una acción negativa, será lo que identificará esta canción como no apta para que la escuches o la cantes.

---

18. Consulta en línea: https://dle.rae.es/subliminal

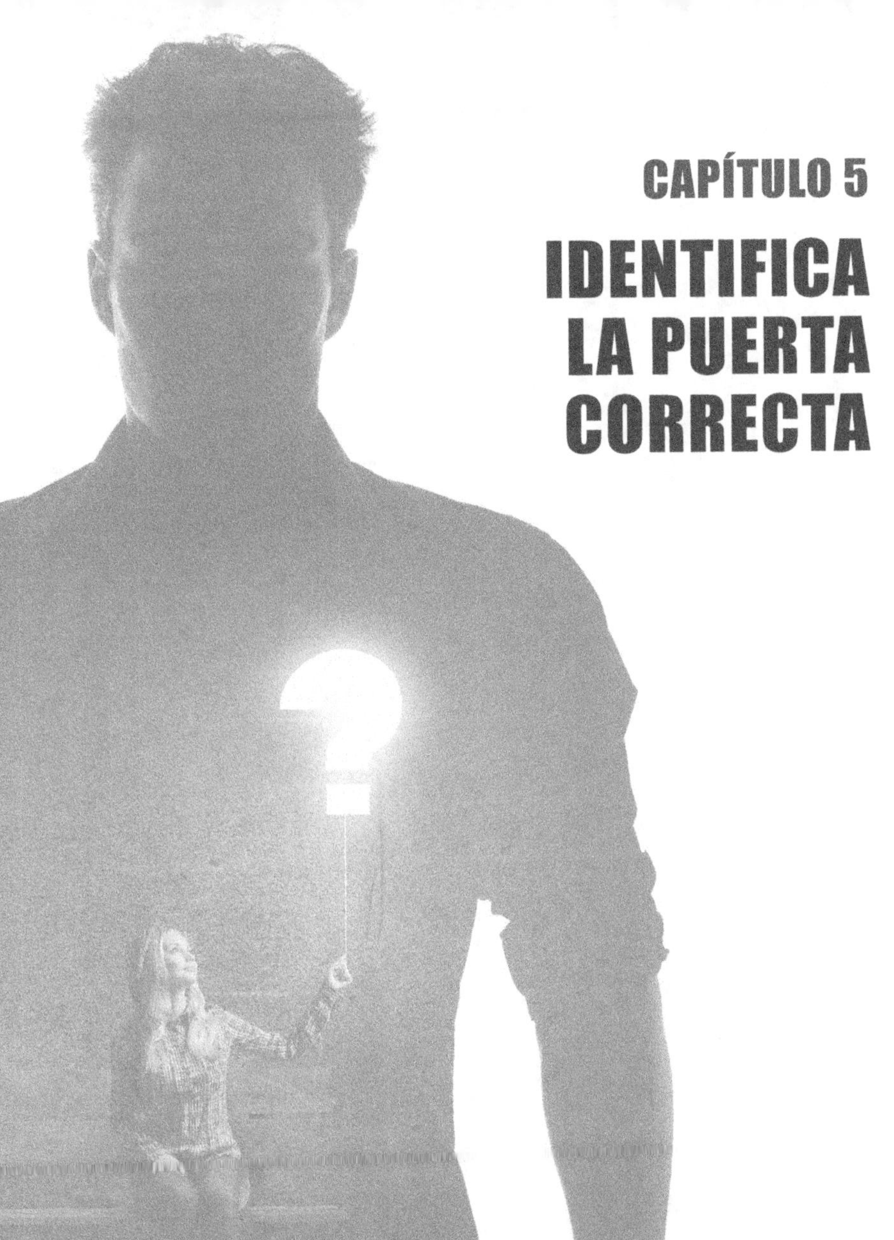

CAPÍTULO 5

IDENTIFICA LA PUERTA CORRECTA

Alguien casado, ¡no!

Una de las cosas que nos queda muy claro es que Dios siempre tendrá lo mejor para ti, y que te ayudará a escoger la mejor opción para complementarte. También sabemos que su Palabra no torna atrás vacía, como dice en Isaías 55:11. Por lo tanto, Dios te dará una persona que te ame, sin la necesidad de hacerle daño a nadie. ¿Cómo podría Dios bendecir una relación haciéndole daño a otra familia ya establecida? Y no tan solo a la pareja, sino que también afectará toda la descendencia y futuras generaciones de ella. Una relación con una persona casada se define como adulterio. Además de estar en pecado afectando tu vida espiritual, ese tipo de relación te impactará emocional, social y hasta financieramente.

Veamos algunas razones por las cuales no debemos establecer una relación con una persona casada:

- **Perderás tu tiempo.** Es muy difícil que una persona pueda dejar todo lo construido por años, tanto material como sentimental, y hasta hábitos que la persona haya creado con su actual pareja. Además, afectarás posibles

Dios te dará una persona que te ame, sin la necesidad de hacerle daño a nadie.

relaciones futuras, ya que te acostumbrarás a relaciones conflictivas y de sufrimiento o codependencia. Mi (Joann) abuela diría: "Lo que comienza mal, termina mal".

- **Te conformarás con las migajas.** No podrías aspirar a tener una relación sana y de confianza, ya que solo tendrías las sobras de su actual pareja, tanto en las finanzas como en el tiempo de calidad. Tendrás que conformarte con recibir afecto a escondidas, solo en lugares en donde nadie los vea.

- **Serás como un buey llevado al matadero.** Proverbios 7: 21-27 nos indica que la persona que se deja arrastrar por una persona ajena y se deja seducir por los labios lisonjeros es como un ave que va corriendo a una trampa. Es como buey al matadero que va entrando a un camino de perdición y no sabe que esto le costará la vida. Esto quiere decir que luego de luchar tanto, te enfrentarías con una muerte espiritual segura o hasta muerte física (vs.27).

Luego de presentar todos estos puntos, no cabe duda de que una persona que ya esté casada jamás será la que Dios tiene para ti. Repetirías de otra forma la historia de Esaú, quien vendió su primogenitura a Jacob por un plato de lentejas, según Génesis 25:27-34. En otras palabras, venderás la Original que Dios tenía destinado para ti, por la Copia que solo te causará sufrimiento y dolor. Todo por una decisión apresurada. Por esta razón, Dios nos dice que nos alejemos de una persona que ya le pertenece a otra, que no nos acerquemos a la puerta de su casa, y que mucho menos le entreguemos a la Copia lo que realmente merece la Original.

Pregúntale a Dios

Una de las cosas que te ayudará a saber si la persona que acabas de conocer o con la cual estás compartiendo es la pareja que Dios asignó para ti, es si estás dispuesto a preguntarle a Dios si esa es tu pareja o no. Muchas veces ni nos atrevemos a hacerle esta pregunta a Dios porque nuestra conciencia nos dice que su respuesta será NO; más aún porque luego de esa contestación nos veremos en la obligación de tomar acción al respecto. Por otra parte, también nos asusta el cómo poder terminar dicha relación. Recordemos que Dios ayuda en todo lo que le pidamos, y si le decimos que nos instruya sobre cómo es la mejor forma de hacerlo, Él lo hará.

> • • •
>
> Una persona que ya esté casada jamás será la que Dios tiene para ti.
>
> • • •

¿Te suma o te resta?

Hubo un momento en mi vida (Joann) que me incomodó cuando un hombre muy sabio me hizo las siguientes preguntas: "¿Cómo él te ayuda en el ministerio?,

• • •

El que una persona sea buena no quiere decir que tenga los requisitos suficientes como para ayudarte a cumplir a cabalidad el propósito de Dios en tu vida.

• • •

¿Cómo te complementa espiritualmente?" En ese momento, no tenía ni siquiera un ejemplo de cómo mi pareja me ayudaba o me complementaba en el ministerio. Pienso que cada persona debe hacerse las mismas preguntas. Si tu respuesta es igual o parecida a la mía, es un indicio de que la persona con la que estás compartiendo es una Copia.

No debes continuar malgastando tiempo ni energía en tratar de conocerle o continuar con la amistad. Debemos tener claro que la persona que Dios ha destinado para ti te complementará positivamente. En ocasiones escuchamos a gente diciendo: "Sí, tiene ciertas áreas de mejoras, pero él es bueno", o "Ella no es una muchacha mala". El que una persona sea buena no quiere decir que tenga los requisitos suficientes como para ayudarte a cumplir a cabalidad el propósito de Dios en tu vida.

¿Tu red de apoyo está de acuerdo?

La mayor parte de las personas cuentan con redes de apoyo, observadores externos, gente que nos podrían servir como termómetros, y nos pueden alertar si esa persona es o no es de bendición a nuestras vidas. Contamos con personas que, conociéndonos, pueden identificar cuando nos sentimos plenos o incompletos, cuando estamos en una relación tóxica o saludable.

En ocasiones vemos que las personas en nuestras redes de apoyo, incluyendo a nuestros hermanos espirituales, consejeros, pastores y padres, no están de acuerdo con las personas con quienes compartimos. Los padres quieren lo mejor para sus hijos y su amor es un ejemplo de cómo Dios nos ama y nos cela. El deber de los hijos es de obedecer a sus padres, como dice Efesios 6:2-3 (RVR 60):

Honra a tu padre y a tu madre, que es el primer mandamiento con promesa; para que te vaya bien, y seas de larga vida sobre la tierra" (énfasis añadido).

Por otra parte, Proverbios 15:5 (RVR 60) nos habla de las consecuencias de desobedecer a nuestros padres, en donde dice:

El necio menosprecia el consejo de su padre; mas el que guarda la corrección vendrá a ser prudente.

Filtra por la Palabra

Así como nos dice 1 Juan 4:1 (RVR 60): *"Amados, no creáis a todo espíritu, sino probad los espíritus si son de Dios; porque muchos falsos profetas han salido por el mundo"*, debemos pedirle ayuda a Dios para discernir los espíritus. Podría suceder que recibas unas palabras, quizás bien intencionadas, indicando que estás con la persona correcta, mas la Palabra nos insta a usar el discernimiento. Por esta razón, podemos ir a Proverbios 14:1 e identificar si la pareja es la que la Biblia describe como la necia (Copia), que con sus manos derriba la casa, o la sabia (Original), que edifica su casa. La persona Original edificará tu vida; no servirá como tropiezo.

Poner señal

La biblia nos afirma que desde el principio Dios ha usado señales para guiar a su pueblo (Gén. 1:14; 9:12-13, 17). Muchas de ellas fueron puestas por humanos para buscar dirección divina. Este fue el caso del siervo de Abraham en Génesis 24 (RVR 60), cuando le fue encomendado buscar una esposa para Isaac, su hijo. El trabajo del siervo era identificar la esposa para Isaac cumpliendo con todos los requisitos mencionados por Abraham; por ejemplo, que fuese de la tierra y parentela de Abraham (vs. 4). El siervo, una vez estando en la ciudad de Nacor en Mesopotamia, decidió orar pidiéndole a Dios la siguiente señal (vs.14):

> • • •
>
> La persona Original edificará tu vida; no servirá como tropiezo.
>
> • • •

Sea, pues, que la doncella a quien yo dijere: Baja tu cántaro, te ruego, para que yo beba, y ella respondiere: Bebe, y también daré de beber a tus camellos; que sea ésta la que tú has destinado para tu siervo Isaac; y en esto conoceré que habrás hecho misericordia con mi señor.

Podemos ver cómo el siervo fue específico en su señal, y cómo Dios le contestó exactamente según lo había pedido. Rebecca cumplía con todos los requisitos puestos por Abraham, y señales puestas por el siervo. Con este ejemplo aprendemos que debemos pedirle a Dios que nos describa cómo es la pareja que Él escogió para nosotros, para que nos sirva de señal. También nosotros podemos pedir señales adicionales, para que sea aún más fácil de identificar desde el día 1, si la persona es una Copia o la Original.

CAPÍTULO 6
COPIAS EN ACCIÓN

Presentamos situaciones de la vida real donde hubo Copias que formaron parte de vivencias que dejaron marcas en un corazón. Las Sagradas Escrituras registran dos historias sumamente interesantes que pueden servir como lecciones de vida para saber que un yugo desigual nunca traerá buenos resultados. La primera historia es la de Nabal y Abigail que se encuentra en 1 Samuel 25.

Para comenzar, el nombre de Nabal significa "insensato".[19] La descripción que ofrecen las Sagradas Escrituras sobre Nabal deja mucho que decir de él como ser humano. El nombre de Abigail[20] significa "padre (fuente) de gozo". Recogiendo las descripciones de las distintas versiones bíblicas y las acciones descritas en 1 Samuel 25, se provee a continuación una comparación entre Nabal y Abigail:

19. Strong, J. 2002. Nueva Concordancia Strong Exhaustiva, Diccionario Strong de Palabras Originales del Antiguo y Nuevo Testamento. Editorial Caribe, Inc. Pg. 281

20. Strong, J. 2002. Nueva Concordancia Strong Exhaustiva, Diccionario Strong de Palabras Originales del Antiguo y Nuevo Testamento. Editorial Caribe, Inc. Pg. 13

NABAL	**ABIGAIL**
Malvado (de malas intenciones)	Buenos modales
Necio, terco y perverso	Prudente, sensata, sabia
Arrogante y sarcástico	Humilde
Estúpido, tonto y descontrolado	De buen entendimiento
Rudo (áspero), de mal carácter	Actuaba con diplomacia
Impulsivo y de malas obras	Discreta y astuta

De acuerdo con 1 Samuel 25, luego de la muerte del profeta Samuel, David se marchó a Parán porque estaba siendo perseguido por el rey Saúl para darle muerte. En la ciudad de Carmel estaba ubicado Nabal, quien era un hombre muy pudiente. David cuidaba de los hombres de Nabal mientras esquilaban o cuidaban las ovejas, los protegía para que nada malo les aconteciera y los guardaba de los ladrones para que Nabal no perdiera ni una oveja. Sin embargo, llegó el momento en que David envió a diez jóvenes a que se presentaran donde Nabal para que le enviara provisiones en agradecimiento por el cuidado que había prestado a sus criados. Fue un intento fallido, ya que Nabal era un hombre tan egoísta que no tenía ni idea de quien era David, lo cual deja ver que Nabal estaba tan acomodado con su fortuna que ni siquiera estaba pendiente de los asuntos políticos del país.

David se enojó tanto por la respuesta de Nabal que ordenó a sus hombres que ciñeran sus espadas al igual que hizo él. El ejército que andaba con David era muy grande. Cuatrocientos hombres acompañaron a David y doscientos se quedaron cuidando las pertenencias. El enojo de David era tal que bajó a Carmel con la intención de matar a Nabal, todo lo que fuera suyo y todo varón que trabajara o que fuera familia de este hombre.

Continúa la historia diciendo que un criado llegó donde Abigail y le contó todo lo que había sucedido y le confirmó que ciertamente los hombres de David habían cuidado de ellos para que no les aconteciera ningún mal. Tan pronto Abigail se enteró de todo, ordenó a sus criados a que cargaran asnos con doscientos panes, dos cueros de vino, cinco ovejas guisadas, cinco medidas de grano tostado, cien racimos de uvas pasas, y doscientos panes de higos secos, e inmediatamente salió a encontrarse con David.

Una vez que Abigail se encuentra con David, de inmediato baja del asno y se postra rostro en tierra delante de él, asumiendo la culpa de lo sucedido con Nabal porque ella no vio a los jóvenes que David había enviado. Le entregó el presente de víveres que le llevaba y lo persuadió a que no manchara sus manos de una sangre que no valía la pena, recalcando que la obra que Dios tenía con él era tan grande que no debía comenzar con manos manchadas de sangre por una venganza. David terminó perdonando a Abigail y agradeciéndole que lo interceptara antes de que fuese a derramar sangre. La bendijo a ella y a su razonamiento, más le expresó que ella se había ganado su respeto. Durante la conversación que tuvo Abigail con David, él pudo apreciar los atributos tanto físicos, intelectuales y emocionales de esta mujer.

Abigail era una mujer tan sabia, que cuando regresó a su casa, se dio cuenta que Nabal estaba ebrio y tomó la decisión de no contarle nada de lo acontecido hasta el día siguiente cuando le hubiese pasado la embriaguez. En la mañana del día siguiente, después que le pasaron los efectos del vino, Abigail le contó a su marido todo lo sucedido. La impresión que recibió fue tan fuerte, que desmayó su corazón y lo paralizó; diez días después falleció. Una vez que Nabal muere, David envió a sus mensajeros a buscar a Abigail y se casa con ella.

Imagina qué vida llevaba Abigail junto a Nabal. Por todo lo que se describe de él en las distintas versiones bíblicas, se deduce que Abigail podía estar llevando una vida de maltrato, soportando asperezas y sin recibir ningún gesto de atención o de amor. Este era un hombre con muchas cualidades negativas. Se puede deducir finalmente que era un hombre con un corazón de piedra, incapaz de tener sentimientos de bondad o de amor hacia otra persona.

Definitivamente Nabal era una Copia para Abigail, al cual tuvo que soportar hasta que Dios se lo quitó del camino para que llegara su Original, David. La forma de ser de Nabal no permitía que pudiera ver las virtudes de Abigail. Por no tener ninguna fe en el Padre

Celestial, jamás se daría cuenta de la bendición que significaba tener una mujer como Abigail en su vida y en su casa. No había oportunidad de agradecimiento a Dios por la misericordia que había tenido con él al permitir que esta mujer llegara a su vida como esposa. Su carácter egoísta, de crueldad, de necedad, de terquedad y su impulsividad sometieron a su familia y criados a un gran peligro de muerte, y no se detuvo tan solo un momento para pensar en el bienestar de Abigail.

Por otro lado, llega David, el Original, a la vida de esta mujer. Este era un hombre tan detallista que, con una sola conversación, pudo detectar las cualidades positivas que tenía Abigail. David supo agradecer a Dios por su encuentro con esta sabia mujer. El análisis de esta historia la podemos concluir con el siguiente comentario: Abigail saltó del infierno a la gloria.

¿Cuántos cristianos pasan por una experiencia de vida como la de Abigail por el simple hecho de tomar la decisión de mantener una relación amorosa con otra persona que no le conviene? Hay que abrir muy bien los ojos. Muchas veces la persona, por estar enamorada, se hace la ciega, no queriendo ver lo que a simple vista se ve. No hay que esperar a formalizar un noviazgo o un matrimonio para darse cuenta de que la persona en la que se han fijado los ojos y domina el corazón,

● ● ●

Muchas veces la persona, por estar enamorada, se hace la ciega, no queriendo ver lo que a simple vista se ve.

● ● ●

es un maltratante, es agresivo o se complace en humillar a otros para sobresalir, y más. A una Copia siempre le resaltan los atributos negativos y ahogan lo positivo. Solo hay que tener el pensamiento y el corazón en hacer la voluntad de Dios para tomar las decisiones correctas.

> • • •
>
> A una Copia siempre le resaltan los atributos negativos y ahogan lo positivo.
>
> • • •

Si Dios está hablando a tu corazón, indicándote que la persona con la que estas compartiendo es una Copia, quiere decir que la persona no reúne las cualidades necesarias para poder hacerte feliz y complementarte para ayudarte en alcanzar tu máximo potencial. Tu no mereces menos de lo que Dios quiere para ti. Tal vez digas: "mi pareja es una buena persona". ¿Sabes qué? Dios no quiere buenas personas, sino buenos creyentes, buenos cristianos que hagan su voluntad y le obedezcan. Deuteronomio 5:33 (NVI) dice:

Sigan por el camino que el Señor su Dios les ha trazado, para que vivan, prosperen y disfruten de larga vida en la tierra que van a poseer.

El que se enamora de una Copia, la persona incorrecta, y se hace de la vista larga para no aceptar que tiene los ojos puestos en la persona equivocada, ni siquiera le importa el efecto en cadena que desata su obstinación. Él o ella no lo quiere aceptar; sin embargo, sus padres lo ven y, la gran mayoría de las veces, sufren en silencio al igual que el resto de su familia. Cuando la relación se formaliza, llegan al matrimonio y fracasan, es peor el efecto en cadena para sus familiares.

En el libro de Jueces, capítulos 13 al 16, se encuentra la historia de un hombre nazareo llamado Sansón que nació por voluntad de Dios de una mujer que era estéril. Sansón fijó sus ojos en una mujer de los filisteos. Su padre lo cuestionó al respecto; sin embargo, la contestación de Sansón fue *"Tómame esta por mujer, porque ella me agrada"* (Jueces 14:3, RVR 60).

• • •

Tu no mereces menos de lo que Dios quiere para ti.

• • •

Sansón se concentró en lo físico de aquella mujer ignorando que era una extranjera. Los padres nunca estuvieron de acuerdo con la decisión de su hijo. Sabían que era de cierta manera ir en contra del mandato (ver Deut. 7:3) que prevalecía en Israel. Trataron de persuadirlo; sin embargo, Sansón, obstinado y decidido, siguió adelante con sus planes de casamiento. ¿Te puedes imaginar cómo debió sentirse este padre con el simple hecho de pensar en que su hijo sería señalado por su propio pueblo por esta decisión? Puedes tener la seguridad de que se sintió igual que se sienten padres hoy día cuando ven el despeñadero al que se dirige su hijo o hija sin ellos poderlo evitar. Noten lo que dice en Proverbios 15:5 (LBLA) dice: *"El necio rechaza la disciplina de su padre, mas el que acepta la reprensión es prudente"* y también *Proverbios 17:25* (LBLA): *"El hijo necio es pesadumbre de su padre, y amargura para la que lo dio a luz"*.

En este caso, había propósito de Dios porque buscaba ocasión contra los filisteos y los padres de Sansón no lo sabían. No obstante, esta mujer seguía siendo una Copia para Sansón, pues esta se concentró todo el tiempo en sacarle información a Sansón en favor de los filisteos. Finalmente, esta Copia fue unida al amigo de Sansón (Jueces 14:20). Luego Sansón fue a Gaza y se juntó con una ramera; otra Copia que simplemente fue pasajera y atentaba contra su salud y contra su cuerpo, que es templo del Espíritu Santo. En 1 Corintios 6:19 dice:

¿Acaso no saben que su cuerpo es templo del Espíritu Santo, quien está en ustedes y al que han recibido de parte de Dios? Ustedes no son sus propios dueños.

Lamentablemente, hay mucha gente en este mundo que andan de un lugar para otro saciando sus apetitos sexuales con otras personas por instinto, tal como actúan los animales. Su autoestima y su amor propio son tan pobres, que no les importa sostener relaciones sexuales con otra persona sin mediar ningún tipo de compromiso.

Los 10 mandamientos de Éxodo 20 están resumidos en dos mandamientos en Mateo 22:37 y 39 (RVR 60), donde dice: *"Amarás al Señor tu Dios con todo tu corazón, y con toda tu alma, y con toda tu mente. Amarás a tu prójimo como a ti mismo"*. ¿Cómo se puede cumplir con estos mandamientos si no se cuida el cuerpo, que es templo del Espíritu Santo, sosteniendo relaciones sexuales con otras personas por mero capricho? *En resumidas cuentas, el que vive de esta manera no ama a su prójimo, no se ama a sí mismo y mucho menos ama a Dios.*

En el capítulo 16 del libro de Jueces, llega a la vida de Sansón una tercera Copia: una mujer del valle de Sorec llamada Dalila. Fue otra Copia de tierras extranjeras donde Sansón fijó su mirada, nuevamente ignorando el mandato de no juntarse con mujeres de tierras extrañas. Sansón no fue seducido a inclinarse ante otros dioses; sin embargo, fueron finalmente los encantos de una mujer que no servía al mismo Dios lo que le llevó a su ruina. Esta tercera y última Copia, al igual que la primera, eran mujeres fieles a su gente filistea, quienes eran enemigos del pueblo de Israel. Por sobre cualquier atracción que pudieran sentir hacia Sansón, estaba su fidelidad a su pueblo y su sed de derrotar al pueblo de Israel.

Sansón se enamoró de Dalila de tal manera, que ella le tendía las trampas que los jefes de los filisteos le ordenaban, y él no se daba cuenta de que ella lo mantenía engañado con que era correspondido con el mismo amor, lo cual no era cierto. Esta Copia fue una gran manipuladora. De acuerdo con la historia, Dalila fue tan insistente, que acosó a Sansón hasta que se sintió harto de la vida y deprimido. Finalmente, Sansón le confesó a esta Copia su secreto de la fuente de su fuerza, lo cual ella usó para que los filisteos lo derrotaran.

Sansón fue capturado, le arrancaron los ojos, fue sujetado con cadenas de bronce y lo pusieron a moler en la cárcel. Lo más triste de todo es que Sansón fue el objeto de burla, de escarnio, por sus enemigos. Sin embargo, esto le dio la fuerza moral que necesitaba para sepultarlos a todos bajo los escombros de su propio templo, aunque esto también acabó con la vida de este juez de Israel, Sansón.

Hay gente que vive lo mismo que vivió Sansón enamorándose de una pareja manipuladora y agobiante. Cuántos terminan quitándose la vida porque no soportan su diario vivir junto a una persona egoísta, a quien solo le importan sus propios intereses y su propio bienestar. Cuánta gente termina en un hospital para enfermos mentales porque la depresión los lleva a ese lugar por culpa de la tristeza y el desánimo profundo que los domina. Otros terminan con una autoestima destruida y una inseguridad que los obliga a depender de esa persona que tanto daño les hace.

• • •

Aprovecha la libertad que tienes hoy para elegir lo correcto.

• • •

Tal vez en este tiempo escritural algunas de las parejas no tenían opción sino someterse a lo que se les imponía. Sin embargo, para ti que estás leyendo este libro, ahora mismo hay opción. Hoy estás viviendo en otros tiempos. *Puedes escoger hacer la voluntad de Dios y esperar por* tu Original para que te evites mucho dolor y sufrimiento junto a Copias que solo van a dañarte emocionalmente o a retrasarte en tu crecimiento espiritual. Aprovecha la libertad que tienes hoy para elegir lo correcto.

CAPÍTULO 7

RELATOS DE LA VIDA REAL (PUEDE SER EL TUYO; ¡ALERTA!)

Con la intención de exponer vivencialmente las enseñanzas relatadas en este libro, se presentan las siguientes experiencias que responden a hechos de la vida real. Queremos enfatizar que, en el marco de tiempo y espacio de los siguientes relatos, se consideró a ciertas personas como Copias, basándonos en todos los filtros antes expuestos y en los comportamientos y actitudes exhibidos. Reiteramos que cuando usamos el término "Copia", nos referimos a las personas que no son la mejor opción escogidas por Dios para otra persona. Esto quiere decir que las siguientes personas eran para nosotros "Copias", pero que nosotros también lo éramos para ellas.

Tal vez te cause curiosidad o te llame la atención esta última expresión utilizada en el párrafo anterior. Es una expresión correcta. La otra persona puede ser una Copia para ti porque en vez de complementarte, te va a restar. Por otro lado, si esa persona es una Copia para ti, también tú lo serás para ella porque no podrás complementarla en las oportunidades de mejora que pueda tener; esto, posiblemente porque tu carácter sea muy distinto al suyo y necesite en su vida una persona con otro tipo de cualidades que quizás tú no poseas. Esto te hace ser una Copia para la otra persona.

No obstante, enfatizamos la soberanía de Dios y su poder

para transformar las vidas y los comportamientos, y ayudar a personas incompletas, quebrantadas y/o necias, para convertirse en todo un Original para otra persona, habiendo transcurrido tiempo de introspección, sanación y transformación divina.

Relato # 1

Le conocí (Joann) en un campamento de jóvenes. Allí comenzó una amistad y era notable el interés que existía en formalizar una relación. En aquel momento entendía que no había nada erróneo en ello, pues *mi interpretación de las palabras de los pastores cuando hablaban de no hacer yugo desigual, según 2 Corintios 6:14-18, se refería a que no fuera de otra fe distinta a la nuestra; o sea, de otra doctrina u otro concilio.* Luego de varios meses de largas conversaciones, comenzamos un noviazgo a larga distancia, y nos veíamos con poca frecuencia.

A medida que pasaba el tiempo, comenzó a conocer diferentes aspectos de mi personalidad: lo alegre que soy, que me encanta compartir en familia, que me encantaba comprometerme con la iglesia cantando y danzando. Lamentablemente, llegó un momento en el cual me pidió que cambiara mi personalidad a como él quería que fuese:

- En momentos cuando estábamos compartiendo y yo estaba feliz, me decía: "Nena, ¿qué es lo que te pasa a ti hoy? ¿Qué es, que estás tratando de ser el centro de atención?".

- Quería que le pidiera permiso para todo, incluyendo: salir a compartir o ir de vacaciones con mi familia, cantar o danzar en la iglesia, escoger la escuela donde iba a estudiar y hasta la profesión que estudiaría.
- Me celaba de mi padre y no le gustaba que nos demostráramos afecto.
- Cuando le conté que desde niña quería ser ingeniera, se molestó porque no me quería conformar con ser su secretaria.
- Como parte de mi aseo personal, al arreglarme las cejas o afeitarme las piernas, me decía que yo no me tenía que arreglar si no lo iba a ver a él, y utilizaba frases insultantes que afectaban mi autoestima y me denigraban como mujer.
- Me propuso escaparme a convivir con él.
- Mantenía relaciones con otras mujeres diciéndome que era mi culpa porque yo no quería cambiar.
- En caso de que me llamara y el teléfono diera el tono dos veces, decía que yo estaba hablando y engañándolo con otro hombre.
- Me ordenaba que discutiera con mi familia dictándome lo que debía decirles como si fuera de parte mía.
- Me exigía que me arrodillara en el suelo para que le pidiera perdón.
- Decía que si no lloraba luego de un desacuerdo era porque él no me importaba.
- Me llegó a retar en más de una ocasión para que me suicidara.

Todas estas experiencias hicieron que entrara en unos episodios de ansiedad, de depresión, y que mi autoestima fuese eliminada por completo. Hasta ese momento, oraba a Dios pidiéndole que, por favor, lo cambiara, porque él era el que yo quería. Puse sinnúmero de señales para que Dios me dijera si ese era quien Él había sido escogido para mí, y todas me decían que NO lo era. Yo seguía pidiendo señales nuevas porque no sabía cómo dejarlo; me vi envuelta en el síndrome de la mujer maltratada.

Llegó el momento en que cobré valor y decidí pedirle una última señal a Dios. Él tomó por costumbre romper la relación todas las noches y volver conmigo todas las mañanas. Le dije a Dios: "Yo le voy a decir que, si me vuelve a dejar, no regresaré con él y entenderé que no es la persona que separaste para mí". Tal y como lo esperaba, la próxima noche volvió a romper la relación y según como se lo advertí, no volví con él la mañana siguiente.

Esta separación fue un alivio tanto para mí, como para toda mi familia, quienes me veían llorar todos los días y me veían temblar de pánico cuando escuchaba el teléfono sonar. Por tal razón, mis padres nunca estuvieron de acuerdo con dicha relación. Me llevaron a un psicólogo, quien me ayudó a entender que era una mujer maltratada psicológicamente. Nunca hubo violencia física; sin embargo, sí estaba presente el maltrato emocional. ¡Alerta! Alguien que te maltrata emocional o físicamente está muy lejos de ser la persona idónea para ti (la Original).

Análisis de la Copia # 1

Luego de conocer la historia número uno, hagamos el siguiente ejercicio que nos ayudará a reconocer todas las alertas que Dios había presentado para dejarme saber que esta persona me estaba desviando de mi propósito.

¿Es Copia u Original?		Respuesta Negativa (–) o positiva (+)
a) ¿La persona está libre de matrimonio?	Si	+
b) ¿Quería preguntarle a Dios si él era para mí?	No	–
c) ¿Te suma o te resta? • Emocional ¿Sus fortalezas complementaban mis debilidades?	No	–
• Espiritual ¿Me impulsaba a hacer lo que Dios me pedía?	No	–
• Profesional ¿Me ayudaba a superarme profesionalmente para ayudar con el sustento de una familia?	No	–
d) ¿Tu red de apoyo está de acuerdo?	No	–
e) Filtrando por la Palabra Tratada como un "vaso más frágil" (1 Pedro 3:7).	No	–
f) ¿Señal(es) cumplida(s) en favor de la unión? Puse múltiples señales y Dios siempre me contestaba que no.	No	–

Al hacer este análisis, es inevitable darnos cuenta de que la Copia número uno me restaba en absolutamente todos los ámbitos de mi vida. No cabe la menor duda de que esta Copia había llegado a mi vida para desviarme.

Relato # 2

Recibí (Joann) una invitación para ser su pareja en una fiesta de graduación. Desde ese momento comenzó una amistad que fue creciendo con el tiempo. Un día me comunicó su decisión de unirse a las fuerzas armadas. Durante sus meses en entrenamiento, comenzó a enviarme cartas, y en ellas confesaba su amor y expresaba su interés por formalizar nuestra relación. Yo, igualmente, tenía mucho interés en una relación y le resté importancia al hecho de que no compartíamos la misma fe, en parte debido a mi experiencia con la Copia #1. Esta persona era diferente en comparación a mi experiencia anterior, pero también tenía detalles que me alertaban de que no era la persona correcta, como los siguientes ejemplos:

- No me prohibía cosas, pero quería que me arreglara de más y que me hiciera cambios físicos. No podía usar una misma ropa para enviarle una foto porque me lo criticaba.

- No le gustaba compartir con mi familia y siempre buscaba la manera de que tuviese que

irme a compartir con la suya, alejándome
de las actividades familiares de la mía.

- Los días en que su familia quería compartir
  confligían con los días de servicios o ensayos.

- Los lugares o actividades a donde me invitaba
  no eran lugares que realmente una joven
  cristiana debería frecuentar.

- Yo me fortalecía en la fe y no fallaba a ninguna
  de mis responsabilidades mientras él estaba
  en viajes de trabajo; sin embargo, cuando él
  regresaba, todo se venía abajo espiritualmente.

- Consumía alcohol regularmente hasta
  embriagarse, lo cual es catalogado por los
  médicos como alcoholismo (fruto de la carne,
  según Gálatas 5:21).

Un día me dio la noticia de que lo habían activado
por un año con las fuerzas armadas fuera del país. Mi
oración durante este tiempo era que él volviera a los
caminos del Padre Celestial para que Dios me permitie-
ra estar con él. En esta ocasión sentía miedo de preguntarle a Dios si esta era la pareja que Él había escogido
para mí, pues mi conciencia me dictaba que su contestación sería una negativa. Luego de armarme de valor y
preguntarle a Dios si esta persona era el complemento
que Él tenía para mí, una noche mientras dormía, tuve

un sueño en donde lo veía a él con tres mujeres. Tomé esto como una revelación de Dios contestándome que él NO era mi complemento.

Decidí enfrentarlo, sin decirle que había sido Dios quien me había revelado lo que estaba pasando. Él escuchó atentamente mientras le contaba los detalles del sueño desde la ropa que llevaba, hasta descripciones físicas de las personas que estaban con él. Cuando terminé de contarle, él me preguntó: "¿Y se puede saber quién te lo dijo, y por qué sabes tantos detalles?".

Decidí separarme de él, ya que aceptó, con esa respuesta, que me estaba engañando con varias mujeres, afirmando así que el sueño había sido realidad. Esta decisión fue muy fuerte, pues faltaba un mes aproximadamente para que él regresara a la casa luego de casi esperar un año completo.

Luego de este suceso, cometí el error de escuchar consejos de personas que realmente no estaban estables espiritualmente. Estos consejos me llevaron a regresar con la segunda Copia. Mientras pasaba el tiempo, seguía teniendo la inquietud de que ya Dios me había dicho que esa no era la persona para mí. Comencé a orar para que Dios nuevamente me lo confirmara. El Padre Celestial me confirmó exactamente como le había pedido, pero no sabía cómo separarme de esta pareja.

Le dije a Dios que necesitaba que pasara algo que me diera la excusa perfecta para poder romper la relación. Un día recibo su llamada diciéndome que iba a salir con un compañero a dar una vuelta por la costa. Luego de esto, no supe nada de él hasta la madrugada, cuando recibo una llamada a las cinco de la mañana de parte suya indicándome que había llamado a un familiar para que lo buscara. Estaba tan embriagado que no sabía cómo había llegado al lugar en donde se encontraba. Tampoco sabía dónde se encontraba su compañero, ni donde había dejado su vehículo. Luego de esto, me entero de que su auto estaba en un centro de mujeres exóticas, y que estaba tan embriagado que salió de ese centro caminando hasta llegar al lugar de donde me llamó.

Con este evento entendí que era exactamente la excusa perfecta que le estaba pidiendo a Dios para romper con esta pareja. Mis padres tampoco estaban de acuerdo con esta relación; por lo tanto, lo que sintieron al recibir la noticia fue paz. Había quedado de manifiesto que esta persona era una Copia y que de seguir insistiendo en continuar la relación me alejaría cada vez más del propósito divino.

Análisis de la Copia # 2

Al igual que con la Copia número uno, haremos el siguiente ejercicio para analizar todas las alertas que Dios había presentado para que me diera cuenta de que esta persona me estaba desviando del propósito de Dios.

¿Es Copia u Original?		Respuesta Negativa (–) o positiva (+)
a) ¿La persona está libre de matrimonio?	Si	+
b) ¿Quería preguntarle a Dios si él era para mí?	No	–
c) ¿Te suma o te resta? • Emocional ¿Sus fortalezas complementaban mis debilidades?	No	–
• Espiritual ¿Me impulsaba a hacer lo que Dios me pedía?	No	–
• Profesional ¿Me ayudaba a superarme profesionalmente para ayudar con el sustento de una familia?	Si	+
d) ¿Tu red de apoyo está de acuerdo?	No	–
e) Filtrando por la Palabra Tratada como un "vaso más frágil" (1 Pedro 3:7).	No	–
f) ¿Señal(es) cumplida(s) en favor de la unión? Puse múltiples señales y Dios siempre me contestaba que no.	No	–

Al hacer este análisis nuevamente nos damos cuenta de que la Copia número dos me restaba en todos los sentidos porque, aunque esta Copia no era una piedra de tropiezo en lo profesional, sí era una muy grande en lo espiritual al no compartir la misma fe. Para poder seguir una relación con él tenía que renunciar a lo que conocía y a donde Dios me quería, para poder acompañarlo según sus creencias. Sin duda alguna, esta persona estaba lejos de ser mi complemento.

Relato # 3

Como es el caso con muchos jóvenes, en mi (Samuel) búsqueda de la compañera ideal, a menudo me envolvía demasiado en lo que eran mis necesidades emocionales, en vez de lo que el Padre celestial quería para mi futuro. En consecuencia, mis relaciones siempre se sintieron como si estuviera persiguiendo el viento, sin encontrar nunca la plenitud. Cuando buscamos lo que queremos, en lugar de lo que nuestro Creador quiere, construimos sobre una base inestable, destinada a derrumbarse. Es como si no considéraramos lo que dice en Proverbios 3:5 (LBLA), *"... no te apoyes en tu propio entendimiento"*. Podemos cambiar de perspectiva leyendo el siguiente versículo (6): *"Reconócele en todos tus caminos, y Él enderezará tus sendas"*. La frase *"todos tus caminos"* no deja espacio para los deseos egoístas. Claramente, Dios está pidiendo ser soberano de todas nuestras decisiones para lograr lo que Él tiene en sus planes.

Durante uno de mis intentos, conocí a una joven. Recuerdo haber tenido excelentes conversaciones desde el principio y compartir muchos detalles sobre nosotros y el futuro. En estas discusiones se incluyeron los típicos temas en el que participan todas las parejas para conocerse el uno al otro. Hablamos sobre nuestros intereses en la vida, nuestras aspiraciones, miedos, experiencias del pasado, entre otras cosas. Me sentí seguro de que las cosas se estaban moviendo en una dirección positiva, pero aún reservaba una incertidumbre acerca de si éramos el complemento perfecto o no. No obstante, ambos sentíamos esta inquietud y fuimos lo suficientemente cautelosos como para solicitar algún tipo de confirmación divina.

La confirmación para nosotros significaba simplemente el cumplimiento de una señal o una palabra específica del Todopoderoso, ya fuese a través de un sueño, una visión o palabra profética. Muchas personas son escépticas con respecto a este tipo de comunicación, como si se dijera que el Todopoderoso no está interesado en estos asuntos. ¿Cómo podríamos afirmar que servimos a un Dios personal y no tenemos comunicación con Él? Esto no era algo extraño para mí y por eso esperaba una respuesta contundente.

Con el tiempo, como joven al fin, me estaba desesperando y había adoptado una forma de pensar más conformista. Pensaba que quizás Dios solo quería que yo fuera feliz y que debería vivir la vida y elegir de forma independiente. Durante meses, continué en esta relación amistosa hasta que finalmente recibí la respuesta a mi oración, y fue un "NO" rotundo. Recibí un mensaje profético, claro y conciso a través de un pastor, el cual decía que ella no era la indicada. Fue emocionalmente paralizante debido a todo el tiempo que llevábamos conociéndonos, hablando por teléfono hasta altas horas de la noche, cada familia uniéndose más a la otra cada día y esperando la posibilidad de llegar al matrimonio en un futuro.

Inmediatamente le cuestioné a Dios por qué me permitió esperar tanto tiempo. Tenía una mentalidad de ceguera espiritual, ya que la repuesta de Dios iba en contra de mis sentimientos. Dios no desecha nada, porque Él convierte los fracasos en lecciones valiosas y las pruebas en testimonios de enseñanza. La Biblia dice que Dios no retarda sus promesas (ver 2 Pedro 3: 9). Él es paciente con nosotros y quiere que vengamos al arrepentimiento, y nos entreguemos a Él. La espera por la contestación de Dios tenía un propósito divino. Dios quería enseñarme a tener paciencia y prepararme para el futuro.

Desafortunadamente, decidí ignorar la contestación de Dios y pedir más confirmaciones. Esta fue una decisión resbaladiza basada en un racionamiento erróneo, debido a que, hasta ese momento, yo había invertido mucho tiempo en esa relación y mis sentimientos estaban fuertemente comprometidos. Luego de haber demandado más confirmaciones, pasaron dos meses cuando recibí otro mensaje a través de otro profeta. El mensajero de Dios dijo: "Concederé la petición de tu corazón". Tomé esta respuesta ambigua como una

> • • •
>
> Él convierte
> los fracasos en
> lecciones valiosas
> y las pruebas
> en testimonios
> de enseñanza.
>
> • • •

favorable y esperanzadora, conduciéndome a malinterpretar lo que Dios había dicho, y alineándolo con lo que yo quería. En ese momento pensé que Dios había cambiado de opinión, sin considerar lo que dice en el libro de Malaquías 3:6: *"Yo, el SEÑOR, no cambio"*.

Nuestra relación evolucionó luego de eso y comenzamos a enamorarnos profundamente. Quería dejar atrás el pasado, ya que representaba una confusión y un rechazo a mis propios deseos y sentimientos. Mi instinto y la respuesta negativa que recibí de parte de Dios inicialmente me desanimaron y pensé que podría recurrir a la mentalidad de "vivir la vida y elegir de forma independiente". Nuevamente estaba equivocado y Dios comenzó a hablarme directamente a través de sueños.

Tuve múltiples sueños muy inquietantes que no podía sacar de mi mente. Sueños que revelaban un futuro no prometedor al lado de esta persona, los cuales se repetían una y otra vez. La pizca de duda que retumbaba en mi mente provocada por los mensajes recibidos y la repetición de los sueños, de repente superaron nuestra fuerte compatibilidad y cariño mutuo. Finalmente, tomé la difícil decisión y poco popular entre nuestras familias de terminar nuestra relación y confiar en el Dios que conoce todos los tiempos, y quien tenía a la mejor persona que complementaria mi futuro en su voluntad.

Análisis de la Copia # 3

Al igual que con las demás Copias, analizaremos todas las alertas que Dios había presentado para que me diera cuenta de que esta persona no era el complemento que Dios tenía para mí.

¿Es Copia u Original?		Respuesta Negativa (–) o positiva (+)
a) ¿La persona está libre de matrimonio?	Si	+
b) ¿Quería preguntarle a Dios si él era para mí?	Si	+
c) ¿Te suma o te resta? • Emocional ¿Sus fortalezas complementaban mis debilidades?	No	–
• Espiritual ¿Me impulsaba a hacer lo que Dios me pedía?	No	–
• Profesional ¿Me ayudaba a superarme profesionalmente para ayudar con el sustento de una familia?	No	–
d) ¿Tu red de apoyo está de acuerdo?	Si	+
e) Filtrando por la Palabra Tratada como un "vaso más frágil" (1 Pedro 3:7).	Si	+
f) ¿Señal(es) cumplida(s) en favor de la unión? Puse múltiples señales y Dios siempre me contestaba que no.	No	–

Al hacer este análisis resalta a la vista que de los ocho campos que comparamos, cuatro de ellos eran positivos y cuatro de ellos, negativos. Para que esta persona pudiera ser considerada posible Original debía tener todos los campos positivos. En esta ocasión, la situación era complicada, ya que las familias estaban de acuerdo con la relación y parecía como si ella cumpliera con las características de una persona que pudiera ser la Original. Dios me contestó a través de profecías y de múltiples sueños, indicándome que no era la persona que Él tenía separada para mí.

Solo Dios conoce el futuro, y Él mismo me estaba dejando saber que no iba a ser como yo imaginaba. Cabe destacar que tanto ella era una Copia para mí, como yo era una Copia para ella y éramos ayuda idónea, pero para otras personas. De esta forma di paso a lo que Dios me estaba diciendo y decidí esperar por lo que el Eterno realmente quería en mi vida.

Copia #4

Solo Dios conoce el dolor detrás de un corazón roto causado por la traición. Los que lo han vivido saben que más que un sentimiento desagradable, es como sufrir la muerte de un ser querido. La confianza en esa relación muere y todos los sueños de planes futuros se desvanecen en el olvido. Para ser claros, esto no quiere decir que Dios no pueda restaurar un matrimonio estropeado por la infidelidad. Existen muchas historias de restauración porque ambas contrapartes estaban dispuestas a buscar ayuda, identificar qué necesidades no se satisfacían y desear permanecer juntas. Afortunadamente para mí (Samuel), pude experimentar esto antes de entrar en un pacto matrimonial, evitando así las trágicas complicaciones que seguramente me habrían afectado gravemente, no solo a mí, sino también a una posible generación futura.

Recuerdo haber conocido esta Copia en Internet e inicialmente entablar conversaciones amistosas sobre nuestro amor por la música cristiana. Ella afirmó ser admiradora de mi habilidad de cantar y de componer. Es cierto que mi ego fue acariciado y, una vez más, me identifiqué con ella por similitudes que compartíamos e ignorando cualquier señal de advertencia. Después de todo, pensé, "todos tenemos defectos". Nadie es perfecto, pero no todos merecen un lugar reservado en su corazón.

> **• • •**
>
> Nadie es perfecto, pero no todos merecen un lugar reservado en su corazón.
>
> **• • •**

Entre las señales de advertencia que percibí hubo una respuesta bastante directa a mi pregunta sobre un futuro potencial juntos: "No quiero lastimarte", escribió. Cuando alguien no tiene razón para mentir y es sincero contigo, debes creerle y cerrar esa puerta de inmediato. En cambio, mi curiosidad aumentó y decidí preguntar si realmente debería preocuparme. No hizo ninguna aclaración y, al sentir que el tono cambió repentinamente, decidí continuar la conversación inyectando algo de positividad. Meditando en ese momento, pienso que no manejé apropiadamente esta advertencia, y que fue un grave error.

Esta relación creció lentamente y a la distancia. Estábamos a miles de kilómetros de distancia y era lo mejor, ya que estaba balanceando mi tiempo entre los estudios universitarios y el puesto de presidente de jóvenes en mi iglesia local. Nuestra interacción era solo por teléfono todas las noches para hablar de cómo nos había ido en el día, desahogar nuestras frustraciones, reírnos de bromas y fingir que había un futuro prometedor como pareja.

Meses después de nuestra relación, finalmente decidimos reunirnos, ya que no estábamos lo suficientemente estables financieramente como para haberlo logrado antes. Había estado contando los días para este encuentro. Mi familia y yo la recogimos en el aeropuerto y recuerdo sentirme muy feliz de finalmente sostenerla en mis brazos. La química que pensé que compartíamos empezó a desvanecerse cuando mi madrina me sacó aparte para decirme la siguiente frase de advertencia: "Ella está escondiendo algo". Esto me sorprendió profundamente. ¿Qué sexto sentido había utilizado mi madrina para percibir esto? No estoy seguro, pero fue capaz de leerla muy rápido, solamente con un intercambio de palabras.

Pronto terminó su visita de fin de semana, y mi familia y yo la dejamos en el aeropuerto para despedirnos.

En nuestro camino de regreso a casa, estaba nervioso por preguntarle a mis padres la opinión sobre ella. Hasta ese momento, había dudado en preguntarle a Dios si ella era la correcta para mí. Incluso había ignorado y olvidado su propia advertencia antes de comenzar el noviazgo: "No quiero lastimarte". Pero las palabras de mi madrina retumbaban en mi cabeza.

Después de meses de felicidad ignorante, finalmente estaba dispuesto a escuchar lo que Dios estaba tratando de decirme sobre nuestra relación. Por primera vez en mucho tiempo, fui sincero con el Padre Celestial y oré diciéndole: "Si esta relación no es lo que has planificado para mí, necesito que Tú la rompas". No tenía razón legítima para terminar nuestra relación, especialmente después de conocerla por primera vez. Si Dios no lo aprobaba, iba a necesitar su intervención divina. Lo que no sabía era que sucedería ese mismo día.

Unas horas después de mi súplica, recibí un correo electrónico de una persona que no conocía. La persona que me escribió era otro joven, quien afirmó que estaba en una relación romántica con mi novia. Una breve y respetuosa disculpa por las molestias que produjo y de inmediato mi corazón comenzó a hundirse. Me sonrojé de vergüenza, ya que estaba en una habitación con mis otros miembros de la familia, leyendo sobre cómo esta persona vivía una doble vida y guardaba en secreto sus sentimientos por otro hombre. Poco después recibí una llamada de ella confirmándolo todo.

Mis padres se dieron cuenta rápidamente de lo que estaba sucediendo, cuando vieron como caía mi semblante. Les confesé que todo había terminado. Sin hacer muchas preguntas, formaron un círculo a mi alrededor y comenzaron a orar, mientras estallaba en llanto. ¿Cómo pude haber sido tan ignorante? ¡Especialmente después de que esta Copia lo predijera desde el principio!

Me tomó mucho tiempo superar la ira y el resentimiento. Mi creencia en el amor estaba totalmente marcada y todo porque no había guardado mi corazón. La Biblia dice: *"Sobre toda cosa guardada, guarda tu corazón; porque de él mana la vida"* (Proverbios 4:23, RVR 60). Luego de eso, *las puertas de mi corazón permanecieron cerradas durante muchos años, hasta que Dios pudo restaurarlo mostrándome que Él era de quien necesitaba enamorarme.* Una vez que finalmente sané, pude volver a amar, libremente, inocentemente y sin temores. La Palabra de Dios afirma en 1 Juan 4:18 (RVR 60):

En el amor no hay temor, sino que el perfecto amor echa fuera el temor; porque el temor lleva en sí castigo.

Esto fue confirmado y probado el día que conocí a Joann.

Análisis de la Copia # 4

Analizaremos todas las alertas que Dios había presentado, para que me diera cuenta de que esta persona me estaba desviando del propósito de Dios.

¿Es Copia u Original?		Respuesta Negativa (–) o positiva (+)
a) ¿La persona está libre de matrimonio?	Si	+
b) ¿Quería preguntarle a Dios si él era para mí?	No	-
c) ¿Te suma o te resta? • Emocional ¿Sus fortalezas complementaban mis debilidades?	No	-
• Espiritual ¿Me impulsaba a hacer lo que Dios me pedía?	No	–
• Profesional ¿Me ayudaba a superarme profesionalmente para ayudar con el sustento de una familia?	No	-
d) ¿Tu red de apoyo está de acuerdo?	Si	+
e) Filtrando por la Palabra Tratada como un "vaso más frágil" (1 Pedro 3:7).	No	-
f) ¿Señal(es) cumplida(s) en favor de la unión? Puse múltiples señales y Dios siempre me contestaba que no.	No	–

Al hacer este análisis resalta a la vista que de los ocho campos que normalmente comparamos, solo uno de ellos era positivo. Aunque ella no estaba casada, ella estaba en una relación con otra persona. Este hecho

• • •

No debemos pasar por alto ninguna alerta.

• • •

nos indica que definitivamente no era la persona que Dios tenía reservada para mí. No debemos pasar por alto ninguna alerta. Es nuestro deber estar atentos a todo tipo de advertencias que Dios nos esté mostrando para que identifiquemos el camino correcto.

CAPÍTULO 8

UN PRESAGIO DE TU VIDA SI TE CONFORMAS CON LA COPIA

En Jeremías 1:5 (NBV) Dios le dice a Jeremías lo siguiente:

Yo había determinado tu futuro desde que te estabas formando en el vientre de tu madre; antes de que nacieras te escogí y te consagré como vocero mío ante el mundo.

El salmista David escribió lo siguiente en Salmos 139:16 (DHH) hablándole al Todopoderoso:

Tus ojos vieron mi cuerpo en formación; todo eso estaba escrito en tu libro. Habías señalado los días de mi vida cuando aún no existía ninguno de ellos.

Estos dos versos escriturales arrojan luz en cuanto a los propósitos que Dios puede tener con cada persona. ¿Acaso piensas que esto fue solamente con Jeremías y David? ¡Te equivocas! Esto mismo aplica para toda persona con la que Dios tiene propósitos. Antes de que te formaras en el vientre de tu madre, ya Dios te tenía en sus noticias y ya te había escogido para desarrollar sus propósitos contigo. Dios ya tenía un plan trazado en su libro antes de permitir que llegaras al vientre de tu madre. ¡Créelo!

Para que Dios desarrolle los propósitos que tiene contigo, es necesario que sepas escoger la pareja correcta para que el río de su espíritu pueda correr con libertad en tu vida. Una Copia no encaja en el plan que Dios tiene para tu vida porque tarde o temprano será la piedra que impedirá el fluir del espíritu de Dios en ti. Por otra parte, las diferencias que puedan existir entre la Copia y tu persona harán bien cuesta arriba tu caminar hacia el cumplimiento de tu propósito; como si estuvieras empujando una carreta sin ayuda de nadie. Amós 3:3 (RVR 60) dice: "*¿Andarán dos juntos, si no estuvieren de acuerdo?*". Es necesario que ores al Todopoderoso y pidas sabiduría del cielo para saber escoger el Original que Dios tiene para ti. Santiago 1:5 (RVR 60) dice:

Y si alguno de vosotros tiene falta de sabiduría, pídala a Dios, el cual da a todos abundantemente y sin reproche, y le será dada.

Existen varios aspectos en los que las diferencias entre ambos pueden saltar a la vista. Uno de estos aspectos es **la diferencia de credos religiosos entre** *la pareja. También un yugo desigual puede referirse a que uno de los dos sea cristiano y el otro no. Se tratará de ilustrar un poco mejor con un ejemplo para que se pueda ver la profundidad o lo crítico que puede ser este tema.*

Usa tu imaginación y transpórtate al tiempo de Jesús. Dios iba a enviar a su hijo amado a la tierra con un propósito tan especial que envolvía el perdón de los pecados de todo ser humano. Para que Jesús fuera hecho hombre, Dios necesitaba el vientre de una virgen y un hombre creyente que cuando el ángel se le apareciera en sueño, pudiera entender que el mensaje que estaba recibiendo era de parte de Dios.

María era una fiel creyente, pero imagina que José no creyera en la existencia del Dios Altísimo. ¡Qué desastre hubiese ocurrido! José no hubiese creído nada de la revelación que había tenido en sueño hablándole del bebé, que, por voluntad del Eterno, había sido puesto en el vientre de María (ver Mateo 1:20-22). Lo más probable es que la hubiese acusado de fornicaria y ella hubiese sido apedreada. Sin embargo, José también era fiel creyente y era descendiente del linaje de David. Él hizo todo lo que le fue revelado y protegió a María.

Ahora analicemos el caso de José y María de otro punto de vista. Imagina que José tuviera una creencia religiosa y María tuviera otra. ¿Cómo iban a educar a Jesús para que fuera maestro para sus discípulos o para que enseñara en la sinagoga si su padre le enseñaba una creencia y su madre le enseñaba otra? ¡Qué confusión hubiese vivido Jesús! ¡Qué difícil se le hubiese hecho al centrarse en una creencia cuando tenía dos fuentes distintas de enseñanzas!

Gracias a Dios que no tuvo que pasar por nada de lo que hemos imaginado porque tanto José como María eran israelitas y practicaban la misma fe. Estos son ejemplos de lo que podrían vivir tus hijos si tuvieran que crecer entre dos fuentes de enseñanzas distintas. Vivirían en una confusión porque no sabrían a qué aferrarse; finalmente les crearía una inestabilidad que en ocasiones terminan no creyendo ni siquiera que existe un ser supremo Todopoderoso.

Por otra parte, otro punto que encaja en diferencia de credos religiosos es la manera en que se pretende llevar el evangelio. El mejor ejemplo es una persona que lleva un evangelio liberal y una persona que lleva un evangelio conservador. Con lo que se está expresando no se pretende en ninguna manera criticar ni un concepto ni el otro. Tampoco se está aprobando ni un concepto ni el otro; solo se desea resaltar la diferencia de uno frente al otro.

Imagina un hombre cristiano que lleva un evangelio conservador donde la mujer tiene que cohibirse de usar prendas, cierta vestimenta y que no puede practicar ciertas cosas en su cuerpo que son consideradas parte del aseo personal. Ahora imagina que se enamora de una mujer que practica el evangelio de una forma liberal donde todas las prácticas antes mencionadas son permitidas. ¿Cómo podrían andar dos juntos si no están en común acuerdo? Si eres el hombre que está viviendo este caso, ¿estarías dispuesto a vivir el resto de tu vida con una mujer que lleva la vida del evangelio con una mentalidad y concepto totalmente distinto al tuyo? Si eres esa mujer, ¿estarías dispuesta a cambiar tu manera de llevar el evangelio donde se practica lo antes mencionado, por una manera conservadora donde totalmente dejarías de arreglarte de la manera que lo haces?

El caso de Job y su mujer es un buen ejemplo de la diferencia de credo o diferencia de grado espiritual entre una pareja. El libro de Job no relata cómo conoció a su esposa. Sin embargo, se puede delinear fácilmente la diferencia de credo o diferencia espiritual que había entre uno y el otro. Job 1:1 describe a este varón como intachable y recto, temeroso del Todopoderoso y apartado del mal. Otras versiones lo describen como perfecto y recto. Era tan temeroso que santificaba a sus hijos y hacía sacrificios a Dios en favor de ellos por si acaso le habían ofendido después de celebrar sus acostumbrados banquetes. Esto demuestra que Job era un hombre muy sabio.

Por otro lado, la mujer de Job era totalmente diferente a él. Era una mujer falta de sabiduría. Job 2:10 (RVR 60) expresa una llamada de atención de Job a su mujer. *"Y él le dijo: Como suele hablar cualquiera de las mujeres fatuas, has hablado"*. Job fue sometido a duras pruebas que lo hicieron pasar por una depresión profunda en la que deseó no haber nacido. Sin embargo, jamás demostró duda alguna de su fe en Dios, mientras que su mujer le dijo: "¿Aún retienes tu integridad? Maldice a Dios, y muérete" (Job 2:9, RVR 60). Si se comparan las expresiones de Job contra las expresiones de su mujer, a simple vista se ve la diferencia que había entre ambos en la fidelidad a Dios.

Un segundo aspecto en el que las diferencias entre ambos pueden saltar a la vista son las **costumbres y tradiciones culturales**. Vamos a concentrarnos en este momento en costumbres y tradiciones por diferencia de nacionalidad. Esto podría traer un choque de culturas. La diferencia entre costumbres y tradiciones es sumamente marcada desde la vestimenta, hasta la manera de tratarse en público. Algunas nacionalidades se tratan con besos y abrazos, mientras que otras no permiten las expresiones de afecto en público. También existen diferencias acerca de la observancia o celebración de ciertas festividades entre culturas. ¿Podrías tú vivir con una pareja que no te haga ninguna expresión de afecto ni atenciones en público? ¿Estarías dispuesto o dispuesta a no compartir con tu familia sus días festivos por unirte a una persona que te va a prohibir dichas celebraciones?

> ¿Podrías tú vivir con una pareja que no te haga ninguna expresión de afecto ni atenciones en público?

En 1 Reyes 11:3-4 (LBLA) se habla del rey Salomón y sus mujeres. Dice:

Y tuvo setecientas mujeres que eran princesas y trescientas concubinas, y sus mujeres desviaron su corazón. Pues sucedió que cuando Salomón era ya viejo, sus mujeres desviaron su corazón tras otros dioses, y su corazón no estuvo dedicado por entero al Señor su Dios, como había estado el corazón de David su padre.

Aparentemente, Salomón se equivocó 1,000 veces y escogió a 1,000 Copias que dirigieron sus pasos tras dioses ajenos. Esta es la importancia de saber escoger a tiempo el Original que Dios tiene para ti. La diferencia de credos religiosos, cultura, costumbres y tradiciones te pueden llevar a que tu corazón deje de ser conforme al corazón de Dios y que te desvíes a prácticas equivocadas.

El tercer aspecto en el que las diferencias entre ambos pueden saltar a la vista es en la **administración financiera.** Hay personas que son consumistas y siempre tienen una excusa para comprar, mientras que hay otros que son economistas que siempre buscan la manera de evitar que se gaste el dinero. Obviamente cualquiera de los dos casos al extremo provocaría problemas entre la mejor pareja del mundo.

Imagina a una persona que está acostumbrada a adquirir lo que entiende que es necesario comprar con el propósito que sea, y se una a otra persona que siempre anda poniendo excusas para no gastar o invertir el dinero en lo que es justamente necesario. Cumpliría con ahorrar el dinero mientras que el otro estaría posiblemente viviendo en escasez y pasando necesidades sin realmente haber razón para vivir de esta manera. ¿Estarías dispuesto a vivir en escasez por amor a otra persona?

El cuarto aspecto en el que las diferencias entre ambos pueden saltar a la vista es por **la personalidad** de cada uno. Nuevamente, resaltamos que todo extremo puede ser negativo y perjudicial. De acuerdo con el diccionario de la Real Academia Española, la *personalidad* es la diferencia individual que constituye a cada persona y la distingue de otra. Es el conjunto de características o cualidades originales que destacan en algunas personas.[21]

Basado en estos significados, se puede tomar por ejemplo a una persona extrovertida frente a otra persona introvertida o retraída. Una persona extrovertida es aquella que se manifiesta de una manera espontánea y socializa fácilmente con otras personas. Sin embargo, una persona introvertida es aquella que no socializa fácilmente con la gente que le rodea.[22] En ocasiones, se produce un choque entre estas dos personalidades debido a que muchas veces el extrovertido sobresale en todo lugar, mientras que el introvertido pasa desapercibido.

Se ha escuchado a una persona extrovertida que lleva una relación amorosa con un introvertido que dejó de amarlo porque es "demasiado bueno" o "muy pasivo". Por otro lado, se ha escuchado a una persona introvertida decir que rompió una relación amorosa con un extrovertido porque "es demasiado loco" o "porque llamaba la atención donde quiera que llegaban". Proveen estas justificaciones porque no saben cómo explicar realmente la razón por la que están rompiendo su relación. La verdadera razón es un choque de personalidades extremistas. Hay que mantener un balance en todo para que el comportamiento sea el de un hijo de Dios.

El quinto aspecto en el que las diferencias entre ambos pueden saltar a la vista es por **los intereses y metas** de cada uno. Existe la persona soñadora y

---

21. Consulta en línea: https://dle.rae.es/personalidad/
22. Consulta en línea: www.psicologia-online.com.

atrevida que cuando desea realizar algo, se lanza a la aventura porque siempre trata de lograr ese sueño que se propuso. Ejemplos de lo antes expresado son comprar una vivienda, abrir un negocio propio, crecer en su nivel de educación escolar o viajar a ciertos lugares. Por otro lado, existe la persona que es conformista y no tiene aspiraciones a corto y largo plazo. ¿Eres un soñador atrevido que está dispuesto a cumplir tus sueños y fijaste tu mirada en una persona conformista que tendrás que cargar sobre tu espalda para poder lograr tus sueños? ¿Por cuánto tiempo estarías dispuesto o dispuesta a cargarlo sobre tu espalda? ¿Toda la vida?

El sexto aspecto en el que las diferencias entre ambos pueden saltar a la vista es por **la salud física y/o mental**. Hay casos de personas que están física y/o mentalmente sanas que fijan su mirada en otra que tiene discapacidades o que tiene problemas emocionales y no desea recibir ayuda. Tú no eres el salvador del mundo. Tienes que estar seguro de que esa persona en la que fijaste tus ojos realmente es tu Original, y que te va a sumar y no te va a restar para lograr el propósito de Dios en tu vida.

Hay personas que se amarran a otra sentimentalmente por lástima y lo confunden con amor. Si este fuera el caso, estás condenando a esa persona a una vida de infelicidad porque cuando te canses de luchar solo por mantener la relación, terminarás rompiendo su corazón

• • •

Hay personas que se amarran a otra sentimentalmente por lástima y lo confunden con amor.

• • •

al deshacerla. Tal vez suena un poco cruel; sin embargo, en este caso eres tú quien serás una Copia para esa persona. Dios tiene destinado a un Original que pueda hacer feliz a esa persona y que le pueda brindar toda la asistencia y toda la paciencia que necesita.

En muchos de los casos mencionados anteriormente se han marcado diferencias entre parejas que están destinadas a terminar en una destrucción. Obviamente, si esa persona tan diferente es confirmada por Dios como su Original, créeme que el Todopoderoso los preparará a ambos de manera que puedan sobrellevar sus diferencias. Ahora bien, *recuerda que la imposición a llevar un sistema de vida totalmente distinto al que estás acostumbrado a vivir y que esta fuera de la voluntad de Dios, finalmente traerá consigo una secuela de problemas emocionales que terminarán acabando con tu salud mental y emocional.* Esto desatará un sentimiento de insatisfacción e infelicidad que tarde o temprano acabará con la relación sentimental que hayas llevado.

Por otra parte, estarás arrastrando a tus padres y demás familiares a una tormenta emocional innecesaria por el efecto en cadena que esto conlleva. ¿Para qué arriesgarse a sufrir consecuencias nefastas como estas cuando puedes evitarlo? Aún estás a tiempo de tomar la decisión correcta. Aún estás a tiempo para preguntarle a Dios si la persona en la que fijaste tus ojos es tu Original o es una Copia. Es el momento de decidir si deseas ser feliz para toda la vida o si deseas vivir una desgracia el resto de tu vida y te conformas con ser lo que nosotros describimos como un "CASI CASI".

- **Casi vencedor…** porque cuando te canses de tener las manos levantadas batallando contra el enemigo, no podrás esperar que la persona que escogiste haya sido preparada para tener las fuerzas necesarias para mantenerte las manos levantadas y no pierdan la guerra.

- **Casi feliz…** porque sabrás que fuiste creado con un potencial mayor a lo que podrás realizar. Recordarás cada una de las señales o alertas que Dios puso mientras caminabas para hacerte tomar el camino correcto, e ignoraste. Verás tu vida como si hubieses guiado un automóvil y en cada parada había un letrero indicándote que dieras vuelta en U, que doblaras a derecha o a izquierda, y seguiste derecho hasta darte cuenta muy tarde que pasarías por un puente derrumbado y Dios solo trataba de prevenirte. Somos seres incompletos, complementados por una pareja: la Original escogida por Dios. Al escoger una Copia estás aceptando casi cumplir con el propósito para lo que fuiste creado por Dios.

CAPÍTULO 9

CIERRA LAS PUERTAS A LAS COPIAS

Busca ayuda

Durante un proceso de separación de alguien que no está en el plan perfecto de Dios para ti, es muy importante que te mantengas orando y ayunando activamente. Despégate de lo carnal para que puedas enfocarte en lo espiritual. Rodéate de personas que te sean de ayuda en este proceso y, sobre todo, **NO** te acerques a árboles que no dan frutos, como lo dice en Mateo 7:19 (RVR1960): *"Todo árbol que no da buen fruto, es cortado y echado en el fuego"*.

Cierra tus oídos a toda persona que quiera restarle mérito a las razones y medios por los cuales Dios te haya iluminado con la decisión correcta. Identifica junto a tu red de apoyo, como familia o pastores, todas las ayudas que requieras para poder manejar la situación. Algunas personas necesitarán visitar algún psicólogo o profesional de la conducta humana.

Córtalo de raíz

El primer paso que debes dar, una vez que Dios te dice que la persona con la que estás compartiendo o en la que has fijado tus ojos no es tu pareja, es cortar con todo lo que te pueda atar a esa persona en todos

• • •

NO te acerques a árboles que no dan frutos.

• • •

los aspectos posibles. Muchas veces una persona se siente tan atraída y enamorada de otra que dice: "es que no puedo vivir sin él" o "es que ella es mi mundo". Prefieren mantenerse bajo un yugo dañino en vez de liberarse por su propia salud y bienestar. Este tipo de pensamiento no debe existir en la mente de un cristiano, y mucho menos este tipo de expresiones debe salir de su boca.

Jesús dijo:

El que ama a padre o madre más que a mí, no es digno de mí; el que ama a hijo o hija más que a mí, no es digno de mí. (Mateo 10:37, RVR 60).

El Mesías consideró que amar a un progenitor o a un hijo más que a Él, hacía indigna a la persona de participar con Él. Ahora, imagínate cómo considera Dios a una persona dispuesta a desobedecerlo por amor a alguien que llegó a su vida y ni siquiera tiene lazo sanguíneo con él. Amar a alguien más que a Dios, o estar dispuesto a desobedecer a Dios por estar con esa persona, es lo mismo que tener un ídolo. La Biblia nos instruye en Mateo 22:37-38 (RVR 60) donde Jesús dice:

Amarás al Señor tu Dios con todo tu corazón, y con toda tu alma, y con toda tu mente. Este es el primero y grande mandamiento.

La desintoxicación de una relación incluye desde lugares donde frecuentabas, y hasta que tengas que alejarte de personas o amistades que tengan en común. Debemos eliminar cualquier puerta por donde se pueda infiltrar el enemigo y hacerte volver atrás. Mateo 5:29-30 (RVR 60) dice:

Por tanto, si tu ojo derecho te es ocasión de caer, sácalo, y échalo de ti; pues mejor te es que se pierda uno de tus miembros, y no que todo tu cuerpo sea echado al infierno. Y si tu mano derecha te es ocasión de caer, córtala, y échala de ti; pues mejor te es que se pierda uno de tus miembros, y no que todo tu cuerpo sea echado al infierno.

Limpieza total

Es de suma importancia que oremos para que podamos identificar todo lo que debamos eliminar de nuestras vidas. Hay casos en donde las parejas se regalan muchos detalles que luego de un evento como este podría servir de estorbo en el proceso de sanidad. Hay momentos en

• • •

Amar a alguien más que a Dios, o estar dispuesto a desobedecer a Dios por estar con esa persona, es lo mismo que tener un ídolo.

• • •

• • •

Debemos eliminar cualquier puerta por donde se pueda infiltrar el enemigo y hacerte volver atrás.

• • •

donde esto sucede no tan solo con parejas, sino también con regalos que sus familiares hayan hecho, y que el regalo haya sido malintencionado para hacerte daño. Con esto nos referimos a que esos regalos pueden estar preparados con trabajos de hechicería para mantenerte atada o atado a esa otra persona. Esto puede pasar porque tal vez su familia te ve como la persona salvadora que puede cambiar a ese ser amado que tanto dolor de cabeza les ocasiona.

Debes fijarte en cosas que tal vez guardas por respeto y no usas porque nunca has sentido hacerlo. Seguramente una vez leíste esta parte, recordaste algún objeto que te hayan regalado y te haga sentir de esa forma. Estos regalos pueden provocar nostalgia, tristeza, ansiedad y otros sentimientos que te insten a mirar por encima del hombro hacia el pasado que dejaste atrás.

Muchas personas piensan que el simple hecho de que son servidores de Dios significa que este tipo de cosas no los puede tocar. Recuerden que no siempre el cristiano está en el grado óptimo. Todo cristiano tiene altas y bajas en su vida espiritual porque las pruebas y dificultades muchas veces afectan en esta área. Números 23:23 dice: *"Contra Jacob no hay brujería que valga, ni valen las hechicerías contra Israel"*. Para poder ser inmunes a cualquier trabajo de hechicería que puedan hacerle a un cristiano, es obligatorio que andes en obediencia como Jacob, que tu fe esté viva y que la llama del Espíritu Santo esté encendida en tu ser.

Si tienes algún regalo que sientes en tu corazón que no debes tener, deshazte de él; no se lo regale a nadie, no pases una maldición a otra persona. El espíritu de Dios te está redarguyendo para que cierres todas las puertas. Hay personas que hasta tienen que cambiar el número de celular, dependiendo de la gravedad de lo acontecido. Esta limpieza deberá incluir las redes sociales, fotos en el celular y todo aquello que pueda recordarte el pasado o que te pueda influenciar a volver atrás.

Enfócate

Justo después de una separación con una Copia, se puede dar el caso de que debido a nuestra vulnerabilidad pueda presentarse otra Copia, para tratar de seguirte desviando y mantenerte entretenido para que no hagas la voluntad de Dios. Ten mucho cuidado porque quiere decir que tu Original puede estar muy cerca. No debes entretenerte con Copias, ya que podrías encontrarte con tu Original y no identificarlo por pasar tiempo con otra persona.

Recuerda siempre que cada día que pasas con una Copia, es un día menos disfrutando de la plenitud y la bendición que acompañan a tu Original. En adición a orar y ayunar, deberás enfocarte en autoevaluarte haciéndote preguntas como las siguientes: ¿Seré yo la pareja

• • •

Recuerda siempre que cada día que pasas con una Copia, es un día menos disfrutando de la plenitud y la bendición que acompañan a tu Original.

• • •

ideal para otra? y cuando llegue esa persona, ¿sabré valorarla? Estas preguntas te ayudarán a entender qué dirección deberás tomar para convertirte en la mejor versión de ti, y estar preparado para ser el Original de alguien más.

CAPÍTULO 10

PREPÁRATE PARA SER EL ORIGINAL DE ALGUIEN

Tal vez te quedaste contestándote las preguntas presentadas en el segmento anterior, en donde preguntábamos si realmente estamos preparados para que Dios nos entregue a la persona que tiene para nosotros. He aquí varios factores que te ayudarán a contestarte esas preguntas:

Preparados para proveer

Desde que era pequeña, mi (Joann) tío me decía: "Primero el trabajo, carro, casa y luego te casas". En aquel momento no entendía a qué él se refería. Tampoco entendía cuando escuchaba a la gente diciendo las siguientes frases: "Del amor no se vive, ni se lleva pan a la mesa", "El amor no es color de rosa", "El amor es como una rosa porque tiene espinas en su tallo". Todas estas frases cobraron vida según fui creciendo y entendiendo la importancia de las finanzas en el matrimonio. Debemos asegurarnos de prepararnos para ser tanto buenos proveedores como mayordomos de lo que Dios nos entregue en nuestras manos.

¿Tu corazón está sano?

Luego de haber pasado la experiencia con la primera Copia (Joann), estuve varios años en donde toda persona que se me acercara era evaluada y analizada minuciosamente. Cualquier mínima similitud en acciones u opiniones con lo que ya había vivido, era motivo para un rechazo total. Esto era aplicado tanto a amistades hasta personas que pudieran tener algún interés en mí. Esos eran algunos indicios de que yo no había sanado completamente como para tener otra relación.

Es crucial que antes de comenzar a buscar una nueva relación, debemos permitirnos sanar completamente de las relaciones pasadas. Esto no solamente incluye las relaciones de pareja, sino todo tipo de relación o experiencia que te haya marcado negativamente. Para algunas personas las experiencias negativas pudieron haber sido en su infancia, presenciando o siendo víctimas de abusos emocionales y físicos, adicciones y otros males. Cualquier experiencia negativa que no tenga un cierre apropiado en tu vida podría dañar cualquier tipo de relación nueva a la que te puedas enfrentar.

Motivos

• • •

Cualquier experiencia negativa que no tenga un cierre apropiado en tu vida podría dañar cualquier tipo de relación nueva a la que te puedas enfrentar.

• • •

El motivo correcto para buscar una pareja debe ser que ya estés preparado completamente para comenzar una relación. Casi nunca hacemos una pausa para preguntarnos por qué sentimos la necesidad tan grande de tener una pareja. ¿Te has preguntado en algún momento, por qué quieres tener tu pareja o si tus motivos serán los correctos?

Tal vez lo primero que viene a tu mente es: "Tengo miedo de quedarme sola (o solo)", "Necesito salir de mi casa", "Siempre dije que no pasaría de cierta edad para casarme y estoy llegando a ella".

Cuando leemos Filipenses 1:6 (RVR 60) que dice: *"estando persuadido de esto, que el que comenzó en vosotros la buena obra, la perfeccionará"*, nos damos cuenta de que todos los que le servimos al Todopoderoso somos como un proyecto especial para Él. Fuimos creados a su imagen y semejanza; sin embargo, nuestra forma, en cuanto al desarrollo de nuestra vida, siempre estará en proceso en las manos del Alfarero por excelencia. Cada etapa de nuestra vida será una parte de ese proyecto especial que siempre estará desarrollando Dios con nosotros hasta la venida de su hijo amado. En la medida que se lo permitamos, así será el resultado.

Lo antes expuesto hace que surja una pregunta importante. ¿Qué tal si hasta este momento no le has dado la oportunidad a Dios para completar la obra que ha comenzado en ti para poder llegar a esta etapa? Entonces, hasta hoy, sigues siendo un ser inmaduro e incompleto en algunas áreas. Si tus motivos no son los correctos, tu preparación no es la correcta y el tiempo no es el correcto, no encontrarás a la persona correcta.

Si tus motivos no son los correctos, tu preparación no es la correcta y el tiempo no es el correcto, no encontrarás a la persona correcta.

Nuestras palabras

Un día mi (Joann) padre me asignó leer un libro llamado *Los cuatro acuerdos*, de Miguel Ruiz, antes de conocer a mi Original, indicándome que me ayudaría mucho. Pasaban los días y yo sin leerlo. La insistencia de mi padre fue tal que logró que leyera el libro cuyo primer acuerdo era sobre honrar nuestras palabras. Proverbios 18:21 (Peshitta) dice: *"La muerte y la vida están en poder de la lengua, y el que la ama comerá de sus frutos"*. Hasta ese momento, yo decía la siguiente frase: "Soy sincera y la verdad es hija de Dios". Con este libro pude aprender que dependiendo de cómo y cuándo decía una verdad, tenía el poder en mi boca para maldecir o bendecir, alentar o arruinar a mi futura pareja.

Una segunda recomendación de mi padre fue el libro llamado *Los cinco lenguajes del amor*, de Gary Chapman. Estas son: palabras de afirmación, tiempo de calidad, recibir regalos, actos de servicio y toque físico. Uno de sus capítulos se trata de la importancia de las palabras de aliento en un matrimonio. Proverbios 16:24 (DHH) dice:

Las palabras dulces son un panal de miel: endulzan el ánimo y dan nuevas fuerzas.

Proverbios 15:4 (RVR 60) dice:

La lengua apacible es árbol de vida; mas la perversidad de ella es quebrantamiento de espíritu.

Efesios 4:29 (VIN) dice:

Ninguna palabra obscena salga de su boca, sino la que sea buena para edificación según sea necesaria, para que imparta bondad a los que oyen.

Una de las historias que este libro cuenta es sobre una pareja en donde la esposa escribía artículos que no compartía con nadie. Un día tuvo el valor de enseñárselos a su esposo. Él le dijo que le encantaba su estilo de escritura, que estaba orgulloso de haberlos podido leer y que ese gesto había hecho que la amara aún más. Esas palabras hicieron que ella se motivara a compartir sus artículos, llegando a ser periodista internacional y una exitosa escritora de libros. Tanto el libro, como esta historia, hicieron que mi forma de actuar fuese diferente y que le diera la oportunidad a Dios de transformar mis palabras en unas de bendición.

La Biblia enfatiza en el hablar conscientemente y de los efectos que tendrán en la vida del que las recibe. Ejemplo de esto son los siguientes versos: Proverbios 15:23 dice: *"Es muy grato dar la respuesta adecuada, y más grato aún cuando es oportuna"*. El primer verso de este mismo capítulo dice: *"La respuesta amable calma el enojo, pero la agresiva echa leña al fuego."*

La Biblia también nos recalca la importancia de no hablar bajo coraje o ira.

Por esto, mis amados hermanos, todo hombre sea pronto para oír, tardo para hablar, tardo para airarse. (Santiago 1:19, RVR 60)

Muchas veces se da rienda suelta a expresar todo lo que viene a la boca cuando se está bajo coraje o ira. La gran mayoría de las veces son cosas que luego la persona se arrepiente y dice "No debí decir eso". Sin embargo, ya está dicho y la persona pudo haberse sentido herida.

Mi (Joann) abuela me enseñó lo siguiente: "Cuando tú hablas palabras negativas es igual que cuando se le quitan las plumas a un ave y se tiran al aire". Lo que ella quiso decir es que cuando trates de recogerlas nuevamente, jamás podrás recuperarlas todas. Siempre alguna de ellas quedará fuera de tu alcance para poderla recoger (justificar) y esta es la que más daño hará en la persona que la recoja. Mateo 12:37 (RVR 60) dice: *"Porque por tus palabras serás justificado, y por tus palabras serás condenado".*

"Aun el necio, cuando calla, es contado por sabio", dice Proverbios 17:28 (RVR 60). Recuerda que a los creyentes nos enseñan que *"...de la abundancia del corazón habla la boca"* (Lucas 6:45, RVR 60). Estos pasajes escriturales aplican a todos los ámbitos de nuestra vida, pero aún más cuando se trata de una pareja, pues el mal uso de nuestras palabras podría traer consecuencias fatales, con las cuales tendrías que lidiar el resto de tu vida en matrimonio. Por lo tanto, debemos recordar las palabras del Proverbista: "Manzana de

oro con figuras de plata es la palabra dicha como conviene" (Proverbios 25:11 RVR 60). Nuestras palabras hacia los demás deben ser valiosas como el oro y la plata, dichas sabiamente, en el tiempo y de la forma correcta.

Conócete

¿Cómo podríamos saber si una persona nos suma o nos resta en una relación si nosotros no sabemos lo que tenemos, quiénes somos y para dónde vamos? Sería injusto que pretendiéramos que otra persona nos conozca, sin conocernos nosotros mismos. Es importante que nos conozcamos antes de entrar a una relación. Este proceso es similar a cuando necesitamos un empleo. ¿Cómo pretenderíamos que nos den el empleo, si no tenemos las respuestas a las preguntas que nos harán en la entrevista?

Las preguntas básicas que normalmente son utilizadas en entrevistas de empleo son: ¿Cuáles son tus fortalezas y tus debilidades?, ¿Cuáles son tus planes a corto y largo plazo?, ¿Cómo manejas el estrés y la toma de decisiones importantes? Por ejemplo, en una entrevista de trabajo me preguntaron: ¿Qué legado te gustaría dejar en la tierra? Esa pregunta me sorprendió, ya que nunca me la habían hecho anteriormente. Respondí que por años escuchaba historias de muchas mujeres que eran exitosas profesionalmente, pero que no tenían el mismo éxito en su vida familiar. Yo quería ser prueba de que sí se podía hacer un balance entre la vida profesional y familiar con éxito.

Si utilizamos estas preguntas como base, podríamos hacer un ejercicio similar antes de entrar en una relación para entender quiénes somos y para dónde vamos tanto en lo profesional, como en lo espiritual y emocional. Si no sabes qué te gusta, ¿cómo pretenderás que alguien lo sepa por ti? Si no te valoras, ¿cómo pretenderás que alguien más lo haga por ti?

Es importante saber qué nos mueve, qué nos gusta, qué queremos lograr y hasta cuál es nuestra definición del amor. Tal vez en este momento no sabes ni por dónde comenzar a buscar estas respuestas. He aquí algunas ideas de cómo comenzar a conocerte.

1. Leer libros como el que mencionamos anteriormente, titulado "Los cinco lenguajes del amor",[23] el cual plantea que cada persona tiene una forma especial de recibir o apreciar el amor. Conocer esto nos ayudará a ser más asertivos a la hora de dar amor, tanto a nuestros seres queridos como a nuestra futura pareja y su familia.

---

23. Chapman, Gary, *Los cinco lenguajes del amor*, 24 de julio de 2017, Unilit.

Por ejemplo, en un momento dado conocí a una persona a la cual le regalé un libro y me lo agradeció. Sin embargo, noté en su lenguaje corporal que no le encantaba. Al pasar el tiempo pude entender que su lenguaje de amor es el de tiempo de calidad y no el de recibir regalos. Ella le daba más importancia a que yo estuviera con ella, sin utilizar mi teléfono celular, montando rompecabezas o jugando juegos de mesa. Es muy importante conocer nuestro lenguaje del amor para poder ser amados como nos gusta, pero también conocer el de los que nos rodean para amarlos de la misma forma.

- El primero es "palabras de afirmación", el cual implica dar palabras de ánimo, aprobación y motivación. Tal vez eres una de las personas que se sienten amadas cuando son reconocidas y afirmadas. Con el uso de palabras amables y de cortesía nos sentimos amados y hacemos que otros sientan el amor de nuestra parte.

- El segundo lenguaje es "tiempo de calidad", el cual describe a las personas que se sienten amadas cuando se toma tiempo para compartir con ellos. Les hace muy feliz estar con su familia o pareja, visitando un parque, viendo películas juntos, disfrutar de su compañía lo más que pueda. Para ellos, el compartir es vital para llenar su corazón de amor.

- El tercer lenguaje es "recibir regalos". En todas las culturas, el dar regalos siempre es una manera de mostrar amor. En realidad, lo importante es el detalle del tiempo que se dedica a escoger lo que se va a regalar, ya que se trata de buscar un obsequio con el especial propósito de que le agrade a la otra persona. Es el cariño y la atención que van envueltos en la elección del regalo lo que realmente importa. Las personas que tienen este lenguaje se sienten complacidos al recibir un obsequio de parte de otros.

- Esto no se trata de regalos costosos, aunque pueden serlo; más bien se trata del hecho de lo que implica, el detalle. El regalo significa que se pensó y se invirtió tiempo en la persona. Esto es lo que realmente se valora. Los regalos son símbolos visuales del amor que se tiene por la persona. Si eres de las personas que no tienen creatividad ni iniciativa para los regalos, busca ayuda de alguien de confianza que conozca a tu pareja para que te brinde ideas. También puedes ir observando las necesidades que pueda tener y que tú puedas resolver, o artículos obsoletos que puedas renovar. Otra alternativa muy práctica son obsequios de servicios de salud o de belleza que pueden ser bien recibidos.

- El cuarto lenguaje es "actos de servicio", en donde otras personas hagan cosas que a ti te gustan; que busquen agradarte sirviéndote para expresar su amor por ti. Estos gestos podrían incluir: las tareas del hogar, cocinar, mantenimiento de los autos, etc. El realizar estos actos de servicio hace sentir a las personas con este lenguaje del amor que tú te preocupas por ellas, que deseas agradarle y hacerle sentir tu amor.

- El último lenguaje es el "contacto físico". Por medio del contacto físico comunicamos amor, sobre todo en las relaciones de parientes y parejas. Las personas que tienen este lenguaje necesitan recibir cariño físico para sentirse amadas.[24]

2. Para analizar tu personalidad y conducta e identificar oportunidades para poder mejorar, puedes tomar pruebas de personalidad, como, por ejemplo, la prueba llamada "DISC"[25]. Esta prueba está basada en el Modelo de Personalidad DISC, el cual incluye en su reporte las fortalezas y posibles áreas de autodesarrollo. Los reportes de las pruebas de personalidad no son 100% precisos. Como toda prueba, tienen algún margen de error. No obstante, te dará una idea de cómo eres y cómo puedes mejorar.

---

24. Consulta en línea: http://www.lavidaenfamilia.com/conociendo-los-cinco-lenguajes-del-amor-2/

25. Consulta en línea: https://www.mydiscprofile.com/es-es/free-personality-test.php

La "D" significa *dominante* y describe la manera cómo la persona lidia con los problemas, se reafirma a sí mismo y controla las situaciones. La "I" significa *influyente* y describe la manera en que la persona comparte con los demás, la forma en que se comunica y se relaciona con otros. La "S" significa *estable* ('stable' en inglés) y describe su temperamento como la paciencia, persistencia y amabilidad. Por último, la "C" significa *concienzudo o cuidadoso*, que describe cómo la persona enfrenta y organiza sus actividades, procedimientos y responsabilidades.

3. Para identificar tus fortalezas puedes tomar una prueba que va acompañada por un libro llamado "Conozca sus fortalezas 2.0", por el autor Tom Rath [26]. Este libro va dirigido a ayudar a descubrir nuestras fortalezas y contrarrestar nuestras debilidades. También te dirá las cinco mayores características en comparación a 34 áreas diferentes para tener un diagnóstico claro de en qué puntos eres mucho mejor que el promedio de la gente y qué puntos debes o puedes mejorar. Además de explicar cómo podemos mejorar nuestras habilidades y talentos individuales, también nos habla sobre la diversidad y por qué es tan importante en todos los aspectos.

---

26. Rath, T. 2016. Conozca sus fortalezas 2.0". Gallup Press.

CAPÍTULO 11

HISTORIA DE MI ORIGINAL

En el año 2013, mi (Joann) hermana mayor viajó fuera del país. A su regreso, me dijo: "Conocí a un muchacho que yo quiero para ti". Yo no emití comentario alguno debido a la distancia que nos separaba y a que sería bastante improbable un encuentro con él en el futuro. En ese mismo año, recibí una llamada de una señora desconocida para mí, y hasta el día de hoy no sé cómo obtuvo mi número de teléfono. Solamente me dijo que necesitaba orar por mí. Cuando estaba terminando de orar, me dijo lo siguiente: "Serás esposa de pastor y tendrás un hijo llamado Samuel Elías". Atesoré ese mensaje en mi corazón como muchos otros que había recibido de parte de Dios. Recuerdo particularmente otro momento en que Dios me habló diciendo: "Te estoy guardando como perla preciosa para un príncipe del altar".

Pasados dos años, se me extendió una invitación por el presidente del concilio, el cual considero como un padre espiritual, para asistir a un campamento en los Estados Unidos junto a un grupo de jóvenes. Cuando mis padres me fueron a llevar al aeropuerto y se despidieron, mi padre me dijo: "Vete y pásala bien, allá vas a conocer a tu príncipe". Le contesté con una expresión de incredulidad: "¡Sí, claro! Creo que viene en reversa y despacito". Hubo muchas risas por mi ocurrencia.

Mis oraciones eran dirigidas a que no quería perder tiempo en conocer una persona que finalmente no fuera la que Dios había escogido para mí, para no seguir pasando desilusiones. Quería, aún antes de conocerlo, enterarme si cumplía con las descripciones que Dios me había revelado de mi futuro esposo. Mientras estaba en el campamento, conocí a una señora que le tocó dormir en la misma habitación que me habían asignado. Ella se me acercó un día y dijo: "Yo te quiero para mi hijo". Más tarde, y justo antes de dormir, ella añadió: "Yo estoy tan contenta porque hace dos semanas, Dios le dijo a uno de mis hijos que tenía el llamado a ser pastor". Rápidamente le pregunté cuál era el nombre de su hijo, a lo que ella contestó: "Samuel". Inmediatamente sentí algo especial y lo añadí como amigo en Facebook para comenzar a conocerlo, pues cumplía con varias de las descripciones que Dios me había revelado de mi futura pareja.

Desde la primera conversación que tuvimos, identificamos que los dos éramos cantautores y comenzamos a hablar de las canciones que Dios nos había permitido escribir basadas en nuestros testimonios. La noche siguiente, estando en el área de juegos, tuvimos la oportunidad de jugar billar. En medio de nuestro juego, a Samuel le ocurrió algo extraño. Él testifica que todo a su alrededor se le puso borroso y pudo visualizarme como parte de su vida y su futuro. En esos precisos momentos fue cuando Samuel, según él cuenta, tuvo la certeza de que era yo su futura esposa.

Llegó la noche de la fogata en donde Samuel expresó su interés de seguirme conociendo. Respondí que estaba de acuerdo porque cumplía con el llamado a ser pastor, como Dios me había dicho. En ese momento, Samuel quedó sorprendido porque esa era la confirmación que le había pedido a Dios con respecto a su llamado pastoral.

Estando en las diferentes actividades del campamento, recibí una llamada de mi padre para saber cómo estaba y me preguntó: "¿No hay ningún pretendiente por ahí?". Le contesté: "Hay un muchacho que me gusta". Le conté todos los detalles, incluyendo que era hijo de pastor al igual que yo. También le dije que aun sintiendo que él llenaba todas mis expectativas, y habiéndose cumplido varias señales que le había puesto a Dios, quise pedirle una señal adicional en donde tenía que pasar algo que jamás hubiese pasado antes. La respuesta de mi padre, por primera vez en la historia de mi vida, fue: "¿Se puede saber qué señal tú le pusiste al Padre Celestial?, porque yo, que soy tu padre, sé que en esa relación hay bendición". En ese momento entendí que la última señal había sido contestada, pues, en el pasado, mi padre nunca le había dado importancia a ninguna relación.

Luego de esto, pude compartir con Samuel y su familia. Para esto me encargué de solicitar permiso a toda mi familia, incluyendo a mi abuela y mi pastor, algo que en el pasado se me hacía difícil. De la misma forma, para poder compartir conmigo, Samuel contactó a los pastores que me estaban hospedando en su hogar para solicitar permiso.

Mientras más compartíamos, más nos dábamos cuenta de todas las cosas que teníamos en común. Dios había contestado todas y cada una de las señales y peticiones, tanto de nosotros como de nuestras familias, disipando toda duda de que fuésemos o no el uno para el otro. Además de las cosas que teníamos en común, como promesas iguales de parte del Todopoderoso, teníamos el mismo apellido, ambos somos hijos de pastores, cantautores y venimos de familias que son músicos. Fueron muchas más las señales cumplidas para las dos familias, tales como:

- La persona a la que mi hermana mayor se refería dos años antes, diciéndome que había un muchacho en los Estados Unidos que quería para mí, era el mismo Samuel que yo acababa de conocer.
- El nombre con el que originalmente querían llamar a Samuel, el cual solo su madre conocía, era "Samuel Elías". Con este mismo nombre Samuel ya había decidido nombrar a su hijo, de ser un varón.
- La madre de Samuel había soñado conmigo caminando de la mano de su hijo.
- Dios le decía a Samuel: "Estoy guardando una perla preciosa para ti". Igual me decía a mí: "Te estoy guardando como perla preciosa para un príncipe del altar".
- Uno de los hermanos de Samuel y su prometida se encontraban orando juntos, cuando Samuel les solicitó que oraran para que él pudiese conocer a su futura esposa en el campamento. Mientras esto sucedía, la madre de Samuel y su

hermana se encontraban en la sala alcanzando a escuchar su petición. Ellas decidieron, desde entonces, comenzar una campaña de ayuno y oración por ese propósito.

- Su papá y uno de sus hermanos cuentan que una de las noches del campamento, mientras yo cantaba, Samuel estaba orando por las personas que iban pasando al altar. En ese momento ellos vieron el potencial de nuestros ministerios juntos.

Dos meses luego de regresar a mi casa, Samuel viajó a Puerto Rico para conocer a mi familia. En esos momentos pude ver cómo Samuel se veía como parte de la familia sin la necesidad de hacer ningún tipo de esfuerzo para que se integrara. Como por ejemplo: cuando mi familia se sentaba en la sala a cantar y tocar música, y él era parte de todo. Era notable que mi padre tuvo razón al decir que en esa relación había bendición, porque me añadía positivamente en todos los aspectos. No cabía duda de que había encontrado a mi Original.

Análisis de mi Original

Seguramente al leer la historia de mi Original, en tu mente hacías el mismo análisis que aplicamos a las Copias. Así que, para eliminar toda duda de que esta persona era parte del diseño perfecto de Dios para complementarme, hagamos nuevamente este ejercicio.

¿Es Copia u Original?		Respuesta Negativa (–) o positiva (+)
a) ¿La persona está libre de matrimonio?	Si	+
b) ¿Quería preguntarle a Dios si él era para mí?	Si	+

c) ¿Te suma o te resta?
  • Emocional
    ¿Sus fortalezas complementaban mis debilidades?
	Si	+

• Espiritual ¿Me impulsaba a hacer lo que Dios me pedía?	Si	+
• Profesional ¿Me ayudaba a superarme profesionalmente para ayudar con el sustento de una familia?	Si	+
d) ¿Tu red de apoyo está de acuerdo?	Si	+
e) Filtrando por la Palabra Tratada como un "vaso más frágil" (1 Pedro 3:7).	Si	+
f) ¿Señal(es) cumplida(s) en favor de la unión? Puse múltiples señales y Dios siempre me contestaba que no.	Si	+

Esta comparativa nos recuerda el cumplimiento de lo que la Biblia nos dice en los Proverbios de todo lo que tendrá la pareja que Dios tiene para ti, si esperas por ella, en lugar de desesperarte y enfrentarte a todas las consecuencias negativas el resto de tu vida. Eran tantos los detalles que teníamos en común que parecía casi imposible que fueran ciertos. A continuación, podrán ver algunos de estos ejemplos en donde no había duda alguna de que esta vez sí se trataba de mi Original, ese por el que tanto esperé, ese que Dios había separado y preparado para mí.

Original	Yo
Cantautor y músico	Cantautora
Llamado a ser pastor	Llamado a esposa de pastor
Inseguridad para hablar español	Inseguridad para hablar inglés
Su padre tocaba el bajo en una agrupación liderada por el abuelo de Samuel llamada "Lluvias de Bendición".	Mi padre tocaba guitarra en una agrupación, la cual lideraba, llamada "Shaddai".
Le encantaba jugar billar con su padre y sus hermanos.	Me encantaba jugar billar con mi padre y mi hermano.
Dios le había prometido que algún día grabaría una producción musical.	Dios me había prometido que grabaría producciones musicales.

Como ven, nuestra historia parece un cuento, pero es una realidad. Lo que Dios hizo con nosotros es lo que deseamos que haga con cada persona que esté en busca de su Original. ¡Que la buena obra que haya sido comenzada con cada una de ellas sea terminada para la gloria de Dios! Tal y como podemos testificar nosotros en la actualidad, deseamos que otros puedan testificar de igual manera.

NO TE CONFORMES CON LA COPIA CUANDO DIOS TIENE TU ORIGINAL

Luego de leer este libro, esperamos que puedas entender el valor de esperar en Dios por tu Original como lo hicimos nosotros. Aunque sea difícil de creer, las decisiones más fuertes y trascendentales que hemos tenido que tomar como pareja y matrimonio, en su gran mayoría ya nos habían sido reveladas por Dios antes de conocernos.

Una de estas grandes decisiones fue la de dejar a mi familia e irme del país una vez me casara. Recuerdo que Dios, a través de un profeta, me dijo que tenía salida para mudarme fuera del país y que me veía montada en un avión diciendo adiós. Basado en este evento, teníamos la certeza de que mi salida tenía aprobación divina; la pregunta era ¿para dónde? Usamos la lógica y pensábamos en que fuese cerca de los familiares de Samuel, y nos dimos a la tarea de orar mucho con este propósito.

Un día, una compañera de trabajo me mencionó (Joann) que considerara pedir un traslado para el estado de Rhode Island en los Estados Unidos. Comencé a orar mucho, ya que pensé en el gran impacto de esta alternativa para Samuel. Rhode Island quedaba aproximadamente a cinco horas de su familia. Además, igual que yo, era un estado que él jamás había visitado. Al conseguir empleo, él tendría que estar viajando este trayecto ida y vuelta hasta conseguir vivienda para nosotros.

Le conté a Samuel y, reaccionando sorprendido, me contestó: "Por favor, envíame la ubicación donde trabajarías". Al enviarle la dirección del lugar donde estaría trabajando en West Greenwich, Rhode Island, Samuel me contó un sueño que había tenido años antes de habernos conocido. En este sueño había un profeta hablándole a sus hermanos de parte de Dios. En el sueño, Samuel comenzó a decirle a Dios en su mente su deseo de que le hablase. De momento, el profeta se acercó a Samuel mostrándole un zapato y adentro del zapato estaba escrito el nombre de una ciudad y un estado: Greenwich, Rhode Island. Esa fue la confirmación para nosotros de que Dios quería que, al casarnos, viviéramos en ese lugar, pues era exactamente dónde estaría ubicado mi trabajo.

Hoy llevamos varios años viviendo en este lugar y Dios nos ha bendecido y continuamos caminando en su propósito. Somos la evidencia de que Dios guía y bendice a quien espera, confía y le permite mostrarle la mejor opción entre tantas posibilidades.

Proverbios 4:10-12 dice:

Escucha, hijo mío, acoge mis palabras, y los años de tu vida aumentarán. Yo te guío por el camino de la sabiduría, te dirijo por sendas de rectitud. Cuando camines, no encontrarás obstáculos; cuando corras, no tropezarás.

Queremos terminar este libro bendiciendo tu vida y pidiéndole a Dios que derrame sobre ti una paz sobrenatural. Que el Eterno te ayude a esperar en Él y en su guía para buscar tu pareja en el lugar y momento correcto. En adición, te invitamos a reconocer que los caminos de Dios son más altos que tus caminos y sus pensamientos mejores que los tuyos, según Isaías 55:9.

Deseamos que Dios repita nuestra historia contigo y que puedas alcanzar tu máximo potencial junto a la persona correcta. Que puedan sentirse realizados y aportando para el reino, sin que un ministerio tenga que apagar al otro, para que sus futuras generaciones disfruten de lo que es esperar por la persona Original, cerrándoles la puerta a las Copias.

Yahweh te bendiga y te guarde; Yahweh te mire con bondad y te favorezca; Yahweh te mire con aprobación y ponga en ti paz. (Números 6:24-26, VIN)

LOS AUTORES

LINAJE ESCOGIDO
SAMUEL Y JOANN GONZÁLEZ

Samuel y Joann González escogieron para su primer libro un mensaje que necesita toda nuestra sociedad: jóvenes que desean encontrar su cónyuge ideal, y personas viudas y divorciados buscando darse otra oportunidad de tener a su lado una pareja idónea que les complemente y junto a quien hacer una vida feliz bajo los parámetros que Dios desea para todos.

Aparte de hacer una valiosa contribución a la literatura cristiana, sin duda cambiarán las vidas de hombres y mujeres examinando los riesgos y errores de no terminar a tiempo una relación tóxica, y llevándolos por el camino claro y las guías infalibles para encontrar la pareja que Dios tiene para cada uno. ¡Impresionante sabiduría y revelación para una pareja tan joven!

Sin embargo, aunque este libro es una primicia importantísima, Samuel y Joann tienen el ministerio musical Linaje Escogido desde el año 2017. Es un dúo de música de adoración contemporánea que comenzó lanzando su primer sencillo "No temeré", una balada imponente que afirma la seguridad que existe al confiar en Dios en momentos de adversidad, seguido por el segundo sencillo "Mueve su manto", un himno que llama a declarar el nombre de Dios en medio de las pruebas. Ambas canciones son parte de su primera producción discográfica, homónimamente titulada "Linaje Escogido", que debutó en diciembre del 2018.

Linaje Escogido nace del llamado de este dúo de esposos a compartir sus experiencias de vida y de fe. Estos jóvenes puertorriqueños, radicados en Rhode

Island, Estados Unidos, han unido su amor por la música y conocimientos en la fe para hablar *"a tiempo y fuera de tiempo sobre las virtudes de nuestro Creador"*, afirma el dúo.

El nombre "Linaje Escogido" resume su misión como ministerio y el testimonio individual y de pareja. Además, la temática ya existía en sus vidas aún antes de haberse conocido. Así lo explica Joann: *"Nos dimos cuenta de que el nombre estaba presente en varias de las canciones ya seleccionadas para el álbum, las cuales Sammy y yo escribimos aun antes de habernos conocido"*.

El álbum es una colección de temas de influencia pop y electrónica que plasman una energía alegre de adoración a lo largo del disco. Las composiciones traen un sonido fresco que sirve como plataforma para las voces de Joann y Samuel, complementándose en perfecta armonía.

Samuel González nació en Middletown, Nueva York, de padres puertorriqueños. El músico y cantautor creció en un hogar cristiano con un padre pastor y una madre, que, por vivir una niñez difícil, decidió romper el ciclo y cambiar una generación de orfandad por una generación dedicada al servicio a Dios. A los 12 años, Samuel descubrió su amor por la música, escuchando la agrupación que tenía la familia de su padre, y a los 17 años, comenzó su propio ministerio musical.

Joann González Rivera, nacida y criada en Puerto Rico, es nieta e hija de pastores que impactaron la vida de muchos jóvenes, incluyendo la suya. Rodeada por la música desde pequeña gracias al ministerio musical de sus padres, Joann siempre sintió amor por la música. En el 2015, Joann decidió perseguir su llamado a la música y, al poco tiempo de tomar esta decisión, conoció a Samuel, quien sería su esposo y compañero ministerial. Además de dedicarse a la música, ambos ejercen carreras profesionales; Joann es ingeniera industrial y Samuel es higienista dental.

El dúo lleva como lema la promesa y el llamado del versículo bíblico en 1 Pedro 2:9: *"Pero ustedes son linaje escogido, real sacerdocio, nación santa, pueblo que pertenece a Dios, para que proclamen las obras maravillosas de aquel que los llamó de las tinieblas a su luz admirable".*

Linaje Escogido es un ministerio que está profundamente comprometido con Dios. Siendo agentes de luz, llevando el mensaje de esperanza y salvación a través de todo lo que hacen.

L I N A J E ♛ E S C O G I D O

Contacto:
 Annette Rivera Pérez (Inglés / Español)
 +1-787-479-2814 (WhatsApp)

Correo Electrónico:
 linajeescogidomusic1@gmail.com

Páginas Web:
- linajeescogidomusic.com
- dilenoalacopia.com

Redes Sociales:
- Instagram: @linajeescogidomusic
- Facebook: @linajeescogidomusic1
- YouTube: @LinajeEscogidoMusic

Escucha nuestra música (Linaje Escogido) en todas las plataformas digitales:
- Spotify
- Amazon Music
- Apple Music
- Deezer
- Pandora
- Google Play
- Claro Música